創造する授業

III

退職後の実践

川嶋　環

一莖書房

まえがき

本書は『創造する授業Ⅰ——島小学校での実践——』『創造する授業Ⅱ——島小を離れて——』につづいて、３冊目のシリーズです。

川嶋環は１９５６年3月に群馬大学学芸学部を卒業と同時に、群馬県島小学校に赴任し、教師としての道を歩みはじめました。１９９４年３月、60歳にて38年間の教師生活を終えてからの仕事をまとめたのが本書です。

退職してすぐにいくつかの小学校の指導に入りながら、宮城教育大学、立教大学、都留文科大学の非常勤講師の職に着き、六五歳でその職を離れてからも地元東京の小学校を初めとして、沖縄、茨城の小学校に入ったり、千葉経済短期大学での免許更新講習の講師、東京経済大学での講義と勢力的に活動をつづけています。

本書は島小の女教師として出発した川嶋環が現役を退いてからも、どのように現場で仕事をしてきたかが分かります。まとめるにあたり、ビデオ等のご提供にはじまり、多くの方たちのご協力とお力添えを得て本書ができましたことを、心より感謝しお礼申し上げます。

目次

第Ⅰ部　家庭教育講演から

叱り上手、ほめ上手

1　大変なお友達

昨日から話をするのがうれしくて眠れないのです。私の趣味は人の前で話をすること、学校へ来て授業をすること、あのいたずら坊主や甘ったれ坊主と格闘している時が、一番幸せなんです。みなさん誰しも子どもを叱ったことがあると思うのですが、私は子どもをよく叱ります。

この間、教室にいましたら教頭先生が、「川嶋先生、大変です、大変です。大変なお友達が学校へ来ました。川嶋先生とお友達だと言っています」って言うんです。（なんだろうなあ、大変な人の知り合いはいないのに）と思いながら行ってみたんです。

そうしたら、確かにあれはバンダナって言うんですか、男の子が頭にして、もう一人は革ジャンを着てね。それは教頭先生が大変だとおっしゃるのは、当たり前かなって思ったの。その子たちは大変知能指数の高い学年の子でしたが、いつも私が「人とはこんなもんじゃない」って一生懸命教えても、話を聞いてくれない子どもたちでした。卒業してからも時々折り目節目に遊びに来るんです。今、高校2年生なんですけど。来る時は何かあるんですよ。寂しいんですよね。友達とけんかした時、親に叱られた時。それをストレートに言いません。まあ、ただ来る。来るのはいいんですけど、ストレートに言えないものだから「先生、オートバイに乗せてやる」。私が、「嫌だ、あんなもの乗るの嫌だ」って言うのにね、大晦日に来て「初詣でに行こう。後ろに乗っかれ」って言うんです。

この間来た子は、たまたまこちらへ来たからって来てくれたんです。それでなにを言うかというと、「川嶋先生によく叱られたなあ」って。「だけど小学校に行っている時が一番よかった」って言ってくれたんです。「大きくなればなるほど俺たちは小さくなってしまう」。寂しいんだなあって思ったんです。やっぱり私は本気で関わって本気で叱るというのが、とても大事だなと思うのです。私が子どもを叱るのは学期に一回か、年に一回ということもありますけれど、叱るなら本気で叱る。小手先で叱ってはいけません。

先程校長先生が「7つほめて3つ叱れ」っておっしゃいましたが、やっぱりそうでないと子どもは動きませんよ。立派になりませんよ。ほめられて自信をもって、自信があった時に立派な人間になっていくんです。両方7．3でもいいし、8．2でもいいし、とにかく両方バランスよくやっていかないと、子どもというのは大人になれないわけです。この頃叱られない子が多いです。やっぱり叱るってことが健全だと思うのですけど、今は叱り方不足です。

2　みなさんはどういう時叱りますか

それでは叱り方ですけど、みなさんはどういう時叱りたいと思いますか。ごく最近で叱ったことのある方、いらしたら手を上げてください。

「国語で0点をとってきました」

0点なんか誰でもとります。0点とって叱るのはいいんですよ。一番子どもがかわいそうなのは、無視されること。0点とろうが、100点とろうが、50点とろうが、うんともすんとも言わない親御さんが中にはいらっしゃるの。0点とったら「駄目じゃないのあなた、勉強しなさい」って、励まさなければなりません。

どうぞ、まだあったら手を上げてください。

「ゲームをやって負けた時、ずるをしたという言い方をしたので、それはありえないということで『それは卑怯でしょ』って叱りました」

はい、卑怯ですね。ところがこの頃の子どもたちは、ずるいって言葉を日常茶飯事に使います。やはりこれからの子どもの言葉も気をつけなくてはいけませんね。

「『今日テストがなかった』と、親に嘘をついたことで叱りました」

はい、テストのことで私も話そうと思っていたのです。私たちがテストを採点して返して、親御さんがどういう反応をしてくださるのか見るんですが、まず一番目に見せない子がいます。親がもう子どもとある程度距離をおいて、親は親、子どもは子どもで生活をしているわけです。それで見せない。見せなくても見たくもない。私たちが見ると、かわいそうだなあと思います。0点にしろ、怒られたらふれあいですよ。嘘ついたって親とのふれあいですよ。

それから見せたけれど何も言わないという親もいます。その場合は、子どもは見せたけれども何も言ってもらえない、励みにもならなければがっかりもしない。何も言ってもらえないという子どももいます。それから「ああ、違っちゃったね。今度気をつけな」って言ってくれる親御さんがいる。それから「バカね、あんたは」っていう親御さん。それでもふれあいなんです。95点とってきながら「バカね」と言われる。「俺んちのかあちゃんね、ちょっとどうかしているから先生今度会ったら言っておいてくれよ」って言う子どももいますけれど。「バカね」でも「今度気をつけな」でも「嘘ついたでしょ」でも、親御さんとのふれあいがあると私はほっとします。一番かわいそうなのが、テストを見せなくても何も言われないことです。

先程校長先生が「親子の絆だよ」っておっしゃっていましたが、ほんとうに小さなテスト一枚見せる見せないで、怒られる怒られないで、信頼の絆ができていくわけです。見せなきゃはじまらないわけです。見捨てられちゃっているわけです。そしてある時、中学生くらいになると「親らしいことしてくれたかよー」って親に反抗してくるわけです。だから小さい時は、こういう小さなことが肝心だということで、今からこんな話をしたいと思います。

3　どの時私は怒った？

これは私のクラスであったことです。私が怒ったか怒らなかったか、当ててください。

（1）（私は見なかったんですけれど）K君が放課後校庭で遊んでいる時に、体育倉庫の屋根に石を投げたんです。一人だけじゃなく、4、5人でおもしろ半分に石を投げたことが、私の耳に入ってきました。

（2）「ゆうべのことを書いてください」と作文を書かせました。「俺はゆうべのことは忘れた。書けない」と大きな声で一時間中ずっと泣いていた子どもがいました。20分休みになっても外へも行けない。20分休みが終わったら「休み時間ができなかった」と泣いている。3時間目の道徳のテレビが始まっても、ちらっと見ては「ワーワー」って思い出したように泣いて、やっと泣きやみました。

（3）中休みに大縄で縄とびをやっていました。チャイムが鳴り休み時間が終わりました。なぜだか長縄を持つとしばりっこをやりたいんですね。

「しばっちゃお、しばっちゃお」とふざけながら、みんなが友達をしばっちゃって友達が「やめて」と言ってもおもしろさが高じてまだやっていましたそれでは1番の石投げは、叱ったと思う人は手を上げてください。3、4人が手を上げましたけど、どうしてそう思いましたか。

「やっぱり石を投げるのは、いけないことだと思いました」

石投げはいけないことですね。私は「けんかしてもいい」と言っているんです。条件は一対一、素手。物を持ってはいけない、卑怯だ。それから、陰でやるな。誰かのいる所でやれ。それだけ条件を出してけんかを禁止していません。石は何があっても投げてはいけません。徹底的に子どもに言っているんです。遊びでも何でも、石を投げてはいけない。飛び道具だから。子どもたちはよく知っているはずなんです。それなのにどうして投げたりするのかと思いました。

叱らなかったという方は、手を上げなかったですね。どうしてですか。

「投げたということは悪いと思うんですけど、実際自分の目で見ていないから」

では結論から申し上げましょう。私は「わーっ」とは叱りませんでした。言って聞かせました。どういうふうに言って聞かせたか、ここをよーく聞いててください。まず確かめました。「ほんとうに投げたか、投げないか」って。最近の子どもって殆ど「俺はやらなかったよ」と言うのが口癖です。やっても、「俺はやらなかったよ」と言う子どもが多いんです。見てないわけですから、逃れようと思えば逃れられるのです。ところがその子どもは正直でした。私は逃れたらどうしようと手を考えていました。呼んで「石を投げたってほんとう?」って聞いたら「ほんとうに投げた」と言いました。正直な子です。そして「石は卑怯だ。あなたは卑怯な人間?」って聞いたんですよ。

「僕、卑怯じゃない」「卑怯じゃなくてどうして石を投げたの」「だって、投げてるとおもしろくなったんだもん」「その時頭の中に、石は卑怯だとちょっとでもかすめなかった?」「かすめない。投げる方がおもしろいもん」そのあとで「友達が投げると、ふざけだすと、いい悪いは分からなくなる」と言っていました。「ふざけたら、フッと立ち止まって考えることを、自分で訓練するんだね」と、そういう話をしました。

2番目の、泣いていたのに対して、怒ったなと思う人は手を上げてください。どなたもいませんね。これは怒りませんでした。おかしくてしょうがない。ほんとうに子どもって、こういう時泣くのかと。これは怒るどころではなかったことでした。

3番目の、縄跳びでしばっていたのは、これは徹底的に叱りました。なぜなら、あのおもしろさは〝いじめ〟につながっていきます。あとで子どももちゃんと言いました。あの大阪でいじめ問題が出たでしょう。私は子どもにあれをどう思うか聞いたんです。「弱い者をいじめるなんて」と言われました。子どもたちはちゃんと知っていますよ。知っていても、理性で考えると悪いことは分かるんですけど、ワーッとやるうちに分からなくなることがあるんですよ。「あなたがたもそういうことない」と聞くと、ちゃんとうなずく子どもがいました。「あの時僕たちの気分はそうだった」誰をいじめようとかそんなのはないけれども、おもしろくなっちゃうんです。一人が「いやだ」って言っても、おもしろくなってとまらなくなっちゃう。「それと同じかな」って言ってましたけど。私はその時直感で、もうほとんど半ば感覚的に「いじめの芽にのびるかな」って感じを持ちました。

子どもがほんとうに分かってくれるまで、徹底的に言って聞かせました。

子どもをほめたり叱ったりするのは、大人の価値観というものがあるんです。自分の価値観の中で子どもを叱っているわけでしょう。例えばS君の泣いている時、私の叱る価値観ではない。1番の石投げも、私の叱る価値観ではなく、言って聞かせる範囲、あるいは聞き出してあげる範囲。3番は私の価値観でありました。だから親が叱る時にはどういう価値観で叱るか。ところが毎日の生活の中で「これは叱って良い、これは叱っては悪い」なんて、考えている人はいない。とっさですよね。さらに子どもの成長に合わせて、幼稚園児には幼稚園児の叱り方、高校生には高校生の叱り方があるのです。

4　正常な発達段階と今の子どもたち

子どもというのは、その年齢でなければ獲得できないものがあるのです。赤ちゃんの時は、乳首を思いっきり吸って脳を刺激して、脳が発達していくわけです。乳を吸うっていうのはこの時代しかできない。リズム感というのは、2歳から7歳くらいまでに育つと言います。だから幼稚園では、歌ったり踊ったりしている。3歳くらいは聞きたがり屋。「どうして、はっぱは落ちるの」とか。その時親が答えてやるかやらないかでだいぶ違ってきてしまう。

話はちょっと横道にそれますが、子どもって一回しか言いません。「お母さん、あした理科でコップ持って行くの。用意してね」「うん」とお母さんが返事をすると、もう二度と言わない。子どもには「うん」と返事して、何も用意しないってことのないようにしてください。何でもそうです。「お母さん、私誰々ちゃんにいじめられちゃったの」ということも一回しか言いません。二回、三回言う時はかなりいやな時です。聞きたがり屋の時代がある。それから文字を知りたい時代がありますす。学校に入る直前くらいの子が、文字を知りたがるわけです。それから1年生、2年生、まあかわいい盛りなんですけど、3年生の頃はギャングエイジですよ。徒党を組むわけです。良いにしろ悪いにしろ、徒党を組んで友達を欲しがるわけです。今までお母さんにべったりで、そして口答えしなかった子が、徒党を組んで遊んで、よそのおじさんに口答えしたりお母さんに口答えしたり。「うちの子も悪くなってしょうがない」って言うのが3年生くらいから始まる。普通の発達状態です。そして5、6年生になるとやや落ち着いてきて、中学生になると勉強の方へ、というのが正常の発達です。今はそうじゃないです。中学生になると「かったるいんだよ、勉強なんて」正常な発達じゃないわけです。それが小さい学年に降りてきて5、6年生でもう、「何もやりたくないんだよ」みたいな雰囲気がちょっと出てくる場合もあるんですよね。

ドイツの教育学者シュタイナーが、生まれてから7歳くらいまでは〝行動の時代〟だと言っています。1、2年生の授業参観に来ても、じっとしていないでしょう。それが当たり前なんです。2年生の後半から中学1年くらいまでは〝情操の時代〟で、それは何かと言うと、もちろん算数で1

＋1はとか、そういう論理、知識の部分も大事だけど、それ以上に「やさしさ」「思いやり」「美しさにふれる心」。そういう時代が中一くらいまで。その先が大人の世界で、論理の世界に入っていく　と言っている教育学者もいるわけです。

今の子どもは正常に発達していますか。私は「かわいそうだなあ」と思います。三十数年教師をやっていて、ほんとうに今の子どもたちは大変な世の中に生きているんだな、という思いを毎日しております。『作文と教育』（作文の会編）という雑誌にこういう詩がありました。

朝　起きろと　お母さんが言いました。起きました。
顔を洗えと言いました。洗いました。
めし食えと言いました。食いました。
学校へ行きました。
前へならえと言いました。ならいました。
計算しろと言いました。しました。
家へ帰りました。
塾に行けと言いました。塾へ行きました。
夜、帰ってきて、ふろへ入れと言いました。入りました。
夕飯食えと言いました。食いました。

テレビをそんなに見るなと言ったから、やめました。
寝ろと言ったから寝ました。グーグーグー

子どもたちの生活ってこんなものかなと思って、ゆうべのことを作文に書かせてみました。

きのうプールに送ってもらった時、お母さんが「早くプールの用意をしなさい」って言ったので、すぐやりました。そうして送ってもらって、6時になって終わって帰りました。帰ったらお母さんが「音読をしなさい」といって、ぼくは音読をやって終わったら、お母さんが「お風呂に入りなさい」と言って、今度はやらなかったのでお母さんが「じゃあ、先に学校の用意をしなさい」と言って、僕はやりました。そうするとお母さんが「ご飯だよ」って言った。そしてご飯を食べて、お母さんがもう一度「お風呂に入りなさい」って言ったから入って、あがったらお母さんが「公文はもうやんなくていいよ。どっちでもいいよ」って言ったのでやると言いました。そして公文をやり終わったので、お母さんが「寝なさい」って言ったから寝ました。

ね、みなさんお笑いになりますけれど、ほとんどの子どもがそういうことを書いています。2年生ですからね。それは私だって2年生の時は親に命令され、命令され、こうなってきたわけですけれども。でも、とにかく今の子どもっていうのは「何々しなさい」「何々しなさい」と言われないと動けない。命令、指示を待つわけですね。自分からすすんで何かやっていくのは、おそらくこの世から消えちゃったんだろうかと思う程です。

5　私の子ども時代・原体験

私の子ども時代は70年も前なんですが、今の子どもたちとどう違うのかなと思って、書き出してみたんです。

まず、親から勉強しなさいと一度も言われたことがありません。私は小学校の時に優、良、可で全部良と可でした。6年生になって女学校を受けるのは嫌だなあと思ったわけです。でも親が「姉兄たちがみんな行ったのだから受けなさい」って言うので、しょうがない受けるかと思ったんです。ところが親が担任の先生に呼び出されたんですよ。「こんな成績じゃ、女学校へ行けませんよ」とところが、お母さんは帰って来ても普通の顔してるんです。「何だろうなあ」と思いました。そしたら夜になって、「もうちょっと勉強した方がいいって、先生言ってたよ」って言うんです。「あれぇそうかなあ。お母さんを悲しませちゃいけない。絶対受かって見せるぞ」って私は思いました。あの時母親が、姉や兄は大学まで行っているのにと、それをかさにきて「おまえはなんだ」って言ったら、私は勉強しなかったと思うんです。母親は学校の先生に、たぶんずいぶんとどやされてきたんだろうと、子どもながらに想像したわけです。あの母親の「もうちょっとしなさい」って言ったのが寂しそうで悲しそうでした。それで「いっちょうやってやるか」と思って勉強をしました。そうしたらやっぱりグングン成績が上がるんですよ。そして見事3月に合格したわけです。

私の母親をほめるわけじゃないんですけれど、明治の女ですから小学校しか出ていません。でも私がいばったりすると（私は腕力が強かったんです。）田んぼに連れて行って稲を見せるわけなんです。「実っている稲ほど頭を低くする。おまえの頭はまだ空っぽだ」って言うのです。「おまえほんとうに、墓石には布団は着せられないんだよ」と言われてもその頃は「なんだろうなあ」と思っていました。死んでから墓石に布団を掛けても、寒いとも暖かいとも言ってくれませんね。「ああ、こういうことか」って今になって分かるんですけどね。そういう、とても寂しそうな母親をほっとけないっていうのは、子ども心に思いました。

勉強もほとんどしないで、遊んで夜帰って来るともう夕飯。その前にお風呂です。お風呂だって順番があるわけです。まずおばあちゃんが、何があろうと一番先に入っちゃうんです。その次がお父さんです。「お父さん、お風呂へどうぞ」って。それを子どもたちに言わせるわけです。父親はいつだって「おまえたちが先に入れ」って言うんです。決まっているから、父親に言わないで入ってしまおうと思うでしょう。絶対駄目です。なんで、あんなにお父さんを立てるんでしょうね。それは時代ですね。子どもが入ったあとで、お夕飯になるわけですが、食べている間に、もう眠くなるんですよね。テレビなんかありませんから。お母さんが「じゃ、もう早くお布団敷いて寝なさい」と言って、自分で布団敷いて、お父さん、お母さんのも敷いて、それが決まりだから。そういう暮らしぶりですから。母親の命令っていうのが、ほとんど無いんです。当然に決まってますからね。

それから、勉強なんかしたことがないのに、1年生に入る前に、文字をうんと覚えたいわけです。五十音表から拾って、自分で獲得しました。親なんか何にも教えてくれません。小学校の時、こういう詩を教わりました。

山のむこうに登ったら　山のむこうは海だった。
田んぼの続くその先は　広い広い海だった。

不思議で不思議でしょうがなかった。何が不思議が分かりますか。山に登って海が見えるという感覚が、私にはありませんでした。なぜなら、私の生まれは群馬です。群馬の山は深くて海無し県です。山に登って向こう側に海なんてありません。「変だなあ、どうして海があるのかなあ」分かったのは、なんと女学校の1年生になってから、修学旅行で鎌倉に行った時です。山へ登ったら、向こうに海が見えるんです。「何だ、これか」と思いました。戦争で、ずっとどこへも行けませんでしたからね。それから最近になって長崎へ行ったんです。バスがぐーっと上りくねって行くと、ほんとうに海が見えたり見えなかったりするんです。「あの詩はここだ」と思いました。

それからもう一つ不思議なことがありました。〝釣針のゆくえ〟というのがあって、海幸彦山幸彦で兄が山へ弟が海へ行くのですが、釣針を一日交換しようと言って交換するわけです。「え、これは何だ」と思いました。「同じ所に住んでいて、一日で海へ行ったり山へ行ったりできるとは何だ」と思いました。群馬から海へ行ってごらんなさい。歩いて3日も4日もかかってしまいます。「1日でどうしてこんなことができるんだ」と疑問でした。そして千葉に行った時「なるほどそうだ、ここに海があってここに山があって、ここに家があったらできるなあ」と思いました。時々先生に聞くんですけど、「あんたは聞きたがりやさんね」なんて言われながら、教えてくれました。これが子どもの発達段階で正常なんです。

読書だってそうです。『フランダースの犬』も、何回読んだか分かりません。ネルロが死ぬ場面がくると涙が出てくる。また次の日も読む。1冊しかないんです。

それから、春先になるともう待ち遠しいわけです。みなさん「つのぐむ」ということばをご存じですか。早春賦に出てくる「葦はつのぐむ」という。「つのぐむ」って葦がつのになって出てくるんです。子どもの時、あれがかわいくてかわいくて、柔肌というか新芽はきれいです。それがほしくて、2月の終わりの頃になると冷たい水辺で取るわけです。女学校になって早春賦を教わった時、「つのぐむというのはあれだ」と分かりました。

原体験です。私は普通の発達ですからこれくらいしかありませんが、偉い人はもっといい原体験を持っています。ノーベル物理学賞を日本人で初めてもらった湯川秀樹は、中間子を発見する時に、この原体験がもとになって中間子の理論を思いついたそうです。子どもの時に遊んでいて、お墓のところで転んだんだそうです。パッと上を見たら、木洩れ日がチラチラッチラチラッと目の前に見えて「なんて美しいんだろう」と思ったことが、頭に焼き付いて離れなかったそうです。だから私、今日子どもたちを連れて公園に行ったんです。落ち葉がきれいだと思って。空がきれいで公園のイチョウがきれいだから。子どもに「ただの黄色じゃなくて何色だ」って聞いたら、「光ってる黄色」と言いましたが、誰も木洩れ日がきれいなんて言わない。ああ、これはノーベル物理学賞は無理だなと思いましたけど。

原体験というものは、ものすごく大事なんです。だから中学生になってつっぱる子は、この原体験を持っていないからでしょう。紐を結んだ経験がない、親と遊んだ経験がない、川で遊んだ経験がない。経験を積んでいくことが、どんなにか正常な発達の上に大事なわけです。

6　今の子どもをとりまく文化

昔の子どもというのは、地域社会がありました。おじいちゃんおばあちゃんがいました。そこのところでどんどん子どもは、教わっていくわけです。今、見てごらんなさい。地域社会なんてあってなきが如しでしょう。だからみなさん、一緒に地域社会を作りましょう。子どもがよくなっていくのですから。ＰＴＡの方がたが、一生懸命お骨折りくださって地域社会を作って、子どもたちの幸せを作ろうとしているわけです。

今の時代は、社会的に大人だと認められるのは、30歳だと言われています。30歳になって成人すればいいわけです。それを6歳の子に勉強しろだのかんだのと言って、言われたほうはたまりません。でも社会がそうなっているんです。子どもも競争になってやっていかなければならない。そういう子どもは、正常の発達段階から外れることを一生懸命にしています。今3年、4年、5年、6年生になると塾へ行く子が増えていきます。子どもは行かざるをえません。私学が良いとなればほとんど塾へ行かなければならない状態になっている。

子どもだって息抜きがしたいわけです。昔の子どもだったら外で遊ぶことです。でも今の子どもはファミコンですよ。「やった。死んじゃった。やっちまえ」などと画面に向かって言っているんです。それからテレビ。これを子どもが見ているのかと思うと、ぞっとすることもあります。こういう遊びは、働きかける遊びではないんです。いつも自分は見ている方の遊びです。私の子どもの頃の遊びはゴム段、お手玉、けん玉などです。自分で働きかける遊びです。それで大きい子には、みそっかすがついている。みそっかすにはやさしいことをさせて、能動的に遊んでいるわけです。だから集中しなければならない時はカーッと集中して集中力がついてくるわけです。テレビは見ても見なくてもよいわけです。1年生に入った子どもを見ると分かりますが、ちゃんと立っている子はめずらしいです。まっすぐ立てない子が多いんです。2年、3年生になって段々身についてくるわけです。そのような状態が、今子どもをとりまく文化の中に一杯あるんです。だから、叱ることは山ほどあるわけです。

7　叱らない親・本気で叱って

中学校の先生が、「学校ではこういうことができないんだけど」と親御さんに伝えました。すると、「家では問題ありません。何も問題ありません」とおっしゃるんです。先生が、「家でどういうふうに暮らしているんですか」と聞きましたら、夜は9時、10時まで友達と遊んでくる。それでもお母さんは何も言わない。週2回くらい友達の家に泊まってくる。それでも何も言わない。子どもの部屋の灰皿に、たばこを吸ったあとがある。それでも何も言わない。問題ないわけですよね。柳に風、親は子どもを見ていないわけです。ほんとうにこういうことでは困るんです。

例えば中学2年でたばこの臭いがしていたら、親は「まだ吸ってはいけない」と、子どもとけんかをしてでも吸わせませんよね。それを黙って見ているだけであれば、「問題ありません」になるわけです。だからどこに価値基準をおくかです。

私の所にいとこの子どもが逃げて来たんです。「大学受験がいやだ」と。でもそれだけではなく、一浪していて苦しくなったんです。親はどうしても大学へ行けと、でも本人は行きたくない。その子は私が作った食事をあまり食べず、近くで何か買って来てはそれを食べる。去年も受験で私の家に来たのですが、母親から「うちの子はたばこを吸うけれど許してくれ」と電話がありました。私は「許さない。高校生がたばことは何事か」と言いました。その時うちにも高校生がいたんですが、

「うちの子にも許していない。他人の子でも許さない」と言いました。そしたら親が「玄関の外で吸わせるから許してくれ」と言ったので、親がそこまで言うのなら私の子どもじゃないんだからと思って、その代わり1日何本以上吸ったら駄目ということにしました。この親は、子どもに対してすごく甘くなっているんです。それから無関心な親もいるわけです。子どもに対して「私は私の道を行くわ。あなたはあなたで行きなさい」と。こんなかわいそうなことってないでしょう。

叱られて叱られて中学へ送り出された子どもが、どうして私を頼って来るのかなあと不思議でしょうがないのです。一人は高校を中退、そういう子どもたちがどうして私を頼って来るのか。それは私が本気で子どもたちに関わったからです。子どもたちは本気で関わることを望んでいるのです。ツッパッた中学生が、「なんで叱ってくれねえんだよっ」と言うけど、私に言わせれば「甘ったれんじゃない」という感じです。「自分で自分を叱れ」と私は思うのですけれど、そこが甘ったれなんです。だから本気で叱った先生には、ツッパリの中学生もついて来るんだそうです。そして、よく言う事をきくんですよ。「ここは学校だからたばこを吸ってはいけない」と言うと「はい」と言って、吸いませんでした。「少なくともここは小学校。小学生の前ではたばこを吸ってはいけない」と言ったら、ずーっと吸わないんです。だからみなさん子どもに本気で関わってください。ほめる時もおべんちゃらでほめると、子どもは見抜きます。ほんとうに自分がそう思った時ほめる。

（貼ってある写真を指さして）これ何年生だと思いますか。昭和33年の小学校2年生です。教師になって3年目のほんとうに西も東も分からない時のクラスです。その時の校長先生は、子どもにはやさしいが教師には厳しくて、叱られ続けの毎日でした。新卒3年目の教室でもこれだけ子どもたちが集中するということは、まだテレビ、ファミコンがなく野原で遊んでいる子どもだからです。だから今はそれだけ親も教師も、大変な時代に入っているわけです。子どもの集中力が落ちている。体が大きくなっていても体力が落ちている。塾にやらなければうちの子が遅れていくんじゃないかと心配になるし。今は大変な時代なんです。だから耐えきれないで子どもたちはいじめをしたりする。寂しいからいじめをするわけです。いじめられる子どももかわいそうですが、いじめる子どももかわいそうです。心が寂しいわけです。

8 発達段階に応じて子どもを見る

Fさんに承認を得たからお話しします。F君はとてもいい子なんですが、ただ一つ食事の好き嫌いが多いのです。お母さんも、幼稚園の先生、学校の先生も、彼がかわいいからなんとかして食べさせようと思っているわけなんですけど、彼にとってはそれが負担なんです。私は逆をいこうと思ったんです。この子が食べたいと言うまでほってておきましょう。食べられる時もあると思うけれどほめないことにしましょう。彼はいい子なんです。親や先生の期待に答えようという気持ちをいっぱい持っている子です。なんとか給食を食べようと思っているが、食べられないわけなんです。食べられた時にお母さんがほめるから、また食べてやろうと思うのだが食べられない。その心のギャップがだんだん大きくなったわけです。お母さんに「この子の発達段階を待ってください。集団で遊ぶようになったら、いやでも腹へったと言うでしょう」と言ったものの私は心配ですよ。心を痛めました。まず校長先生に相談しました。そしたら「やってみてくれ」それでも心配です。私も校長先生も、教育の面ではプロだけど健康面ではプロじゃありません。そこで、食事について詳しい吉祥寺の真弓先生に指導を受けました。もっとプレッシャーをかけることになるので、F君もお母さんも連れて行かないで、私一人で行きました。それは担任しているから責任があるわけです。「しばらく様子を見て、駄目だったらそれとなくお母さんに来てもらいましょう」と指導を受けました。私も専門家の指導を受けたのだから大丈夫だと思って、お母さんに伝えました。それをお母さんがほんとうによく守ってくれました。

今日はカレーでした。なんとお代わり3回しました。もっと食べられると思って自分でよそってきましたが、いくら食べても減りません。最後に「先生これだけ残していいですか」と、あの子が初めて自分のことばで言えました。今日はとても嬉しい日です。

自分のことばでしゃべるというのはものすごく大事なんです。今、自分のことばを知らない子どもが多いそうです。だからつっぱるわけです。自分で自分のことを考えてものが言えないから。ですから子どもというのは、発達段階まで待ってやること。年齢がくれば分かります。年齢に合わせて段々に食品の数も自然に増えていくのです。あせってはいけないのです。勉強も同じ、年齢がくれば自然にやりたくなるのが正常な発達です。

9　やさしい心を育てる

それでは親は何をすればいいのか考えてください。決定的なことは叱らなければなりません。２年生の子どもにしてはいけないこと、ワースト５を探してごらんと言いましたら、

1．人の命を奪うこと
2．品物を奪うこと
3．うそつき
4．影ひなた
5．なまけもの

これが私のクラスのワースト５。

それではベスト５はと言うと、５は見つからなかった。

1．やさしいこと
2．弱い子、困っている子をばかにしたりいじめたりしない。

２つともやさしい心ということですが、それではやさしい心はどうやれば育つか分かりますか。「叱り上手、ほめ上手」という演題からはずれますが、そこを基準にほめたり叱ったりしてほしいと思って、根っこのところを話しているんです。やさしい心、それはお母さんが育てているのです

よ。

まず一つは食事でしょう。食事って以外と人間を作るんですよ。ぜひ外注などしないでお母さんの手で作って食べさせてください。〝なぜ一人で食べるの〟ベストセラーになっているNHKの本ですが、こんな寂しい思いをさせて子どもがやさしくなると思いますか。この子が大きくなって「おふくろらしいことをしてくれたかよ。いつしてくれた。してねえじゃねえか」こうなるのが目に見えている。何と言っても人間もえづけですよ。動物は母親が食べさせた物以外は食べないそうですよ。

それから勉強やしつけも外注などしない。お母さんが勉強に関わってやると、子どもはうれしいですよ。九九や音読を聞いてやるんです。しつけも大事。お母さんが何度も教えていることはいつか頭に入っています。

もう一つ一番大事なことは、子どもの話を聞いてやることです。今日、学校でこんなことがあった。先生にこんなことで叱られたなど、いろいろ言います。そういうことを聞いてやり、最後に、ちょっと意見を言ってやってください。映画監督の新藤兼人さんが朝日新聞に連載していた〝小さな窓から〟の中にお母さんが懐かしいということが書いてあります。

広島の町から山里の村へ、母は嫁いで来たのだ。27歳だったらしい。2度目と知ったのは、私が人の親になってからである。それを知った時、私は身震いするほど母が恋しくなった。峠を越えてきた母の嫁入り姿が鮮明に浮かんだ。

毎晩お母さんに、お布団の中で話してもらった時のことを思い出しながら、大人になってこういう思いをもっている。ぜひみなさんの子どもが大人になった時に、いいお母さんだったなあ、と思い出してくれるようなかかわり方をしてもらいたいと思います。最後に、

「今日の朝」　２年１組

きょうのあさ、ねていたら、かあちゃんが、「早くおきなさい」といいました。それでもぼくがおきないのでまた「早くおきなさい」とどなられました。それでもぼくがおきないので、こんどまた「早く、早くおきなさい」と言われてしまいました。それでぼくは、「ふぁーー」とあくびをすると、かあちゃんが「おはよう」とやさしい声でいいました。ちょっとこころのなかでびっくりしてしまいました。

子どもってナイーブでしょう。叱られると思ったんですよ。だって3回起こされても「ふぁー」なんて言っているんだから。でもかあちゃんがちょっと気持ちを変えて、「おはよう」って優しい声で言いました。この子はきっといい子になります。優しい関わり方をして、そして厳しいお母さんになってください。悪いことは悪い、でも抱擁できるお母さんになってください。

個々の問題については、一小でこれから個人面談をします。15分くらいですけれども、ほんとう

に忌憚のないところで先生に「私の子どものどこが良くて、どこが足りないでしょうか」ってよく聞くんですよ。担任の先生はよくお答えしてくれると思いますので。

ちょっと私の子どもの話をしていいですか。上の子どもは勉強させませんでした。プロがついていて勉強させたんだから、成績は良かったですよ。小学校の時は。中学校へ行ったら親が教えるわけにはいかないでしょう。いくら教えたって親の言う事なんか聞かないですよ。みなさん覚悟していた方がいいですよ。だから成績は下降線。もう鬼になって教えましたよ。最初の子だもの、不安ですよ。このまま皆について行けるか、高校に入れるか。だからほんとうに一生懸命に教えました。次の子は年が11歳離れています。兄貴の間違いは絶対にしない。それで何も教えない。「教えてくれ」と言っても教えない。担任の先生に「うちの子ども、煮て食っても焼いて食っても、一切文句は言いません。どうにでも料理してください」すると先生が「お母さん、ピアノをやめさせてください」どうしてかというと、先生が子どもをサッカーでしごきたかったの。勉強しないで毎日暗くなるまでサッカーをしていました。そうしたら、中学になって自分でさすがに駄目と分かったわけ。でもこれは基本ができての話ですよ。九九や字を知らないで中学へ行ったら困りますから。基本の上に建物を建てるわけですよ。

私も試行錯誤しながら、間違いながらやってきました。とにかく上の息子は、叱って怒って歪めてやってきたけれど、どうにもなりませんでした。下の子は「いいやー」ってのんびりしながらやったけど、二人の行き着くところは同じでした。今、3年生からどんどん塾へ行き出して、ぐんぐんやるけど、飽きがくるのよ。５、６年生になっていやになっちゃうの。それで高校になって高校もいやになってやめちゃう場合もあるんですよ。

よく相談してください。教育のプロに。上の子どもがもうすぐ結婚します。下の子は家を出ました。我が家は私とおじいさんしかいない。そのおじいさんも日本中を飛び回っていて今日も家にいません。どうぞお使いください。「子どもの困ったことについて、どうしても分からない。誰かに聞きたい」なんて言ったら、どこへでも出掛けて行きますよ。

みなさん、ぜひ賢くなって、子どものいじめとか不登校とか問題はありますが、みなさんの力で、ほんとうに子どもの幸せと健全な発達をしていけるように、側面から子どもたちを応援するお母さんであって、先生と協力してやっていくこと。それが分かっていただけたら、私が今日ここに来て話した甲斐がほんとうにあります。長いこと話を聞いていただいて、ありがとうございました。

（於・東京三鷹第一小学校・１９９５年）

参考文献

『中川志郎の子育て論』中川志郎、エイデル研究所
『中学時代の危機をのりこえる』能重真依、大月書店
『登校拒否を考える』石田一宏、青木書店
『すこやかに育て東京の子ら』東京総合教育センター

第Ⅱ部　大学での講義

一　授業を造る（坂本遼「春」を教材に）
――子どもの現実や発想を見据えて――

1　はじめに

塩釜神社に行って、今日の講義がまともにできますようにって拝んできました。まだどきどきしています。川嶋と申します。名前は環。親にこの名前をつけられたために、男だとずーっと思われてきました。たまき。昔はこういう名前は珍しかったの。「え」か「子」がつかないと女の子じゃなかったの。私は、たぶんみなさんのおばあちゃんくらいだと思います。孫が今、大学三年です。一番下の孫は4年生。さあ年はいくつでしょう。あてて誰か。出まかせでいいよ。もうね、この歳になったら傷つくものなんにもないの。人生すべて、あり。はいどうぞ。九十なんて言わないでよ。

川嶋：はい、私がいくつに見える？
学生：七十歳くらい。
川嶋：とんでもないよ。あなたは。
学生：えっと、七七。
川嶋：ありがとね、八三。
学生：おおー。
川嶋：まだまだみなさんがんばろうね。私の歳になるまでいっぱいあるから。その代わり勉強するのよ。それと遊びも一生懸命やらないとね。勉強だけやったってしょうがないからね。人生ってのは両立しないとね。
みなさんの名前だけ教えて、こっちから。
（学生たち、名前の自己紹介）

2　今日の課題

はい、ありがとう。ということで、今日は、いろいろと話そうと思いますので、よろしくお願いします。今日のテーマはプリントの一枚目。「授業を造る」。つくるのは創造のほうのこっちの造るね。ただ「作」じゃないのね。というのは、それぞれが自分で授業っていうものは造っていくものだっていう意味で、これを使いました。

で、今日は、テーマが授業のことですから、まず教材の選定、教材をどう選ぶか。これから実習行く人は、なになにの授業やってくださいってたぶん言われる。その時の教材っていうのは、教科書にもあるから、絶対それは教えなきゃいけないのね。全国共通ですからね。指導要領っていうのがあって、それに基づいて、1年生はここまで、2年生はここまで、中3はここまでって決められているから、これは外しちゃいけないものね。そこで教えなかったら一生覚えられないからね。で、教科書はきちんと教えてほしいってことですが、それだけじゃつまんないから、自主的に教材を選んでもいいんです。ただし、きちっと届けを出す。なんのためにこの教材をやりますって。それが自分が選ぶ教材。それをどうやって選ぶかって言ったら、子どもに応じたものを持ってくるの。思考力がないからこの教材、この子どもたちはここが足らないから、この教材を持ってこようというわけです。これが自主教材。で、教科書教材でも自主教材にしろ、どちらにしろ、楽しく明るく分かりやすく、勉強は楽しくなきゃ駄目。この頃の子どもは、楽しいって言ったらね、クレヨンしんちゃんとかね、もうふざけるのだけが楽しいのね。だけど、ものを追求していく楽しさを覚えさせないと、ほんとうの楽しさを経験させなければね。明るいってことは、ただぎゃあぎゃあすればいいってもんじゃない。前向きな明るさっていうのがあるわけですね。それを分かりやすく教える。教科書には、国語教材、音楽教材、全部揃っています。学生の頃、一番後ろの席でひたすら小説読んでました。それはね、教える人にも問題があるの。川嶋がつまんないこと教えてたら、子どもは面白くないの。だから賢い子は、聞いてるふりしてこうですよ。ここらへんに教科書をこう置いといて、別のものをこうやって読んでますよ。そういう賢い子もいますからね。賢いというかずる賢いというかね。だから、集中できる楽しさを子どもに与えないと、常に、ね。

それで、どうしたらいいか。まずね、みなさん学級を受け持ったらね、子どもをびっくりさせてください。

3　子どもを惹きつける工夫

例えばこれ、子どもが喜ぶのよ。はい、目で読んでください。指しますよ。指されたら、恥ずかしがらないで読んでね。作者、谷川俊太郎、詩人です。はい読んで。こっちからいこうね。

学生：はい。

川嶋：はい、下手でいいよ、下手に読んで。そうなの、最初上手く読んじゃうと次の人が困るの。だから意識的に下手に読んで。

学生：えっと。

川嶋：どうぞ。

学生：かっぱかっぱかっぱらった――。

川嶋：上手すぎる。

学生：え。
川嶋：はいどうぞ、いいよ、好きなように読んで。
学生：はい、え、最初から全部読んでいいんですか。
川嶋：はい全部読んじゃって。
学生：かっぱかっぱらったかっぱらっぱかっぱらったとってちってた。
川嶋：そう、上手い上手い。
学生：かっぱなっぱかった　かっぱなっぱいっぱいかった　いっぱかった　かってきってくった
川嶋：そう、これでね。子どもをびっくりさせんの。中学生だってね、びっくりするよ。読んでごらんって言ったらだいたいたい今みたいに読む。違うふうに読める人いる？　誰か読んで。はいどうぞ。
学生：かっぱかっぱらった　かっぱらっぱかっぱらった　とってちってた。
川嶋：そうそうそう。
学生：かっぱなっぱかった　かっぱなっぱいっぱかった　かってきってくった。
川嶋：そう、それで子どもをびっくりさせるの、最初。この先生おもしろいなって。それにはどうしたらいいか。
（川嶋：リズミカルに読む）
こうすると、この先生おもしろいなって思うから。すると、子どもとの距離が縮まるよ。

実習に行ったらやってみて、これ読めるかって。そしたら人気出ちゃうよ。それでもびっくりしなかったらよ、道具使うの道具。音楽室でもあるし、あなた方持ってると思う。いい？

（川嶋：カスタネットで調子をとりながら読む）

こんなふうに実習に行ったらやってみて。あなたやる？

学生：俺ですか。

川嶋：やってごらんやってごらん。それくらいの勇気があったほうがいいよ。下手でいいんだよ、下手で。初めから上手い人なんかいないんだよ、どうぞ。

学生：かっぱ、あ、

川嶋：いい。

学生：かっぱかっぱらった　かっぱらっぱかっぱらった　とってちってた。

川嶋：ほい！

学生：ほい！　かっぱなっぱかった　かっぱなっぱいっぱかった　かってきってくった。

川嶋：上手い！　最初絶対やってごらん。人気出るよ。

学生：頑張ります。ちょっと、人気ほしいんで頑張ります。

川嶋：それでね、「かっぱらったってなに？」って言うとね、いろいろなこと言うよ。今の子知らないよ。やっちゃいけないことだから。ほとんど「かっぱらった」っていう言葉知らないから、だからこれ言葉指導。「なっぱ」っていうのはだいたいの子どもは、ほうれん草って言うから。で、「いっぱ」っていうのでひっかかるね。「いちわ」っていうことね。でも、「いっぱい」っていう子がいるから、「どっちでもいいよ」って。解釈ってのは、その人にとって間違いじゃないかぎりどちらでもいいよ。そうすると子どもは大喜びね。

今のが、谷川俊太郎。こっちは工藤直子っておもしろい詩人です。『ことばあそび歌』っていう詩集があります。その中の「あいさつ」を私が読むね。

さんぽを　しながら
ぼくは　しっぽに　よびかける
「おおい　げんきかあ」
すると　むこうの　くさむらから
しっぽが　ハキハキ　へんじをする
「げんき　ぴんぴん！」
ぼくは　あんしんして
さんぽをつづける

これね、おもしろいんだよ。まず、へびいちのすけという「作者」を隠しとくの。そして、蛇か、とかげかってあてっこするのね。そうすと、子どもたちは楽しみながら詩の中に入ってくるから。それからね、「げんき　ピンピン！」の「びんびん」を出さないで消しとくの。元気なんていうと、「もりもり」とか、「元気だよー」とかが出てきた。だからこれクイズでやるとおもしろいよ。

それからね、おもしろいのがもう一つあるの。須永博士さんていう人の作品。これはね。辞書の使い方で使うといいのよ。

ⓦⓦⓦ
どれも人間が生きていくための大切なわです

っていう詩なの。たったこれだけ。丸の中にわが入ってるの。わ。わ。わ。

さあ、一分間の間に「わ」という漢字をここへ書いてごらん。一分計るよ。あるだけ書いてね、3つじゃなくてもいいのよ。

学生：思いつかない。

川嶋：子どもって案外5つくらい書く子いるよ。子どもってなめちゃいけないよ、すごいよ。はい、後ろのほうの人、はい君。

学生：はい。
川嶋：あるだけ書いてきて。
学生：二個しかありませんでした。
川嶋：一個でいい一個で。だからその時ね、たくさんがいいって言わないんだよ。なんだって見つければいいいんだよ。人生すべてあり。あんなむずかしい字知ってるよ。書き順違うぞ。いいよ、いいよ。おおすごい。あーこれは書き順しっかりしてる。すごいね、二つとも。
学生：やった。
川嶋：あれにつけたして誰か。まだあるよ。だって3つわっかがあるんだからもっとないと困る。はいつけたして。そうすると、子どもは、俺も俺もってどんどん出てくるから。そこで積極的な子どもをつくるの。引っ込み思案は駄目。
学生：おおー
川嶋：和、輪、話。これが正解なんだよ。だけどまだあるんだよ、ほら、まだあるよ。そうだよ、「我」。はい、まだある。おもしろいでしょ、授業もクイズなんだよ。
学生：（「倭」と書く）
学生：おお！
川嶋：わ、すごーい！　これ六年生だと出るの、「倭」の国。あとない？「湧」き水もある。あとね、こういうの書く子もいるよ、「沸」く。それで辞書を引かせるの。初めからは、辞書は引かせない。で辞書引くともっと出てくるよ。早いって字はわって読むんだって。早稲田のわだって。で、いろいろ「わ」があるけど、人間が生きていくために大切な「わ」だけ残そうと話すわけ。すると、早稲田なんてまず消えます。それから「沸」く。「倭」の国だって昔だよってだんだん消されちゃいます。3つだよって言うとね、みなさんと同じように、まず「和」が残るね。平和じゃなかったらなにもない。平和だからこそ学校へきて勉強できるって沖縄の子は言うよ。沖縄は今大変なところにあるでしょ。戦争の経験もしてるしね。

それで、「話」、これを残すんだ、子どもは。しゃべんなかったらつまんない。学校へ来てみんなとおしゃべりするからおもしろいんだって。家に帰って、「ただいま」って言ったって、お母さんが黙っていたらおもしろくない。「今日学校で何があった」って聞かれるからおもしろい。会話は大事だって。

じゃあもう、この3つでいいじゃない、って言うと、絶対、「我」を残すってのがいるんだよ。我がなかったら、世の中、自分がいなかったら駄目じゃないかと言って討論がはじまる。そうするとね、こっちにいる子がね、「いや自分より大事なものあるよ」「なに?」「弟。弟に何事があったら私は守る」って。お姉さんだね。私より弟が大事だって。そしたら担任の先生、赤ちゃん生まれたばっかりの先生がね、「そうよ、私には、赤ちゃんがいるけど、もう何があったって赤ちゃんを守る」て言ったの。「自分、我より大事なものがあるから、これは消そう」って言うと、「やだー、消さない」って頑張る。そういう場合は、「須藤さんはこの三つだけど、あなたがたは、

『我』を入れといていいよ」って、そこら辺は臨機応変に子どもに応じて授業やっていいと思う。こうやってね、辞書の引き方とか、自分の意見の持ち方とかっていうのを楽しみながら覚えさせる。楽しみがなかったら駄目ね。

4　より深い世界へ

川嶋：まだ他にいっぱい作品はあるけれど、この三つは、子どもがすごく喜ぶから、勉強の入り口として、遊びの一環を入れながら使ってみたらいいですよ。勉強っておもしろいなって思ってくれますから。でも、そればっかりじゃなくて、おちついてじっくりと追求していく教材っていうのもありますからね。いつもこんなことやってたら、子どもは浅い子になっちゃう。今の瞬間に生きてる子も多いものね。瞬間が楽しけりゃいいやって子が多いですよ。だから、もっと、じっくりと考える教材を次から次へ与えてあげないと。

で、次はね、「雲」っていう詩。これはね、遊びじゃないんです。山村暮鳥。

おうい雲よ
ゆうゆうと
馬鹿にのんきそうじゃないか

どこまでゆくんだ
ずっと磐城平の方までゆくんか

この詩を子どもはすごく喜びますよ。どこで喜ぶか？「ゆうゆうとばかにのんきそうじゃないか」とは、誰がゆうゆうとのんきなんだろう？　それは、雲なんです。子どもに、「今までに、ゆうゆうと、のんきな雲見たことある？」って言うと、「ある」の「ない」のってわんわん言います。そこで、「それは夕立雲か、綿菓子のような雲か」と、いろんな想像をさせるの。物語とか文学とかでは、今は国語について話しますけど、想像力っていうのが大事なんです。そしてどんな雲か想像させる。それで、「どこまでゆくんだ」まできた時ね、「この作者どこにいると思う？」って言うと、子どもは「えっ」と考えます。
みなさんは、どこにいると思う？　どこだろう？

学生：草原。
川嶋：おおすごい、くさはら、草原。まだない？　どこにいると思う？
学生：山の頂上。
川嶋：ああ、山の上ね。いいんだよ、想像だから。はいどこ？
学生：浜辺。
川嶋：どこ？　どこ？

学生：建物の中。
川嶋：いろんな想像があっていいの、屋上なんて言う子もいるし、海辺って言う子もいる。想像は自由だよ、ね。
で、「磐城平の方まで」のところで、疑問がないかって言うと、「磐城平ってなに」と聞く。これはね、福島県の地名です。で山村暮鳥さんが呼んでいるところは水戸です。水戸の海岸。海岸で福島に向かって呼んでる。そうすると子どもから「なんで磐城平か」って疑問が出ますから、さあてここは想像よ。何で磐城平だと思う？　これは想像力豊かにしていくわけ。何だと思う？
学生：磐城に思い出がある。
川嶋：磐城にね、何か思い出がある。「その思い出とはなあに」って今度は聞くの。そうすると子どもはまた想像力をはたらかせるから。みなさんはなんだと思う？　でまかせでいいんだよ。
学生：幼少期。
川嶋：幼少期過ごした、いいね。
学生：なんか、好きな相手がいる。
川嶋：うーん！　それが当たりなの。ほんとうは好きだった女の人がいたの。名前まで分かっているの。ちえこって名前なの。それで暮鳥さんは涙をこぼしながら、水戸へ帰って来ちゃったわけ。だから、「いいなあ、あの雲は、ゆうゆうと磐城平まで行って俺も行って恋人に会いたいな」って思いながら作った詩なの。そうするとね、子どもはほーっとするわけ。女の子が男の子を好きになって当たり前じゃない。男の子が女の子を好きだって当たり前じゃない。五、六年生っても う目覚める歳だから、それは、当たり前だよって教えたいの。だけど嫌なこと言ったり、変なことでちょっかいだしたり、スカートめくったりしたら承知しないからねって言っとけばいいの。

5 「春」(坂本遼)を選ぶ

川嶋：それで、物語とかそういうものは、身近な感性を育てて安心させること、これは国語科。国語では、こういう詩は嫌なら読まなくたっていいの。でも、算数ではそれは駄目ですよ。算数は、嫌だってやらなきゃね、九九知らなかったら一生困るんだから。もう泣いたってやらせるのだけど、国語で泣いたってやらせるのは、漢字を覚えさせること。あとはね、好きでいいの。物語なんか、嫌なら読まなけれいいんだから。でも、読みたい気持ちにさせてやるのが教師の仕事だから読みたい気持ちにさせようね。

だから、教材というのは、必ず教師のメッセージがあるわけです。子どもにこういうことを分からせるんだってね。知識だけを与えるんじゃない。その中に人間として生きていくためのメッセージをこめる。自分だってちゃんとはできないよ。考えたら教師なんて堅苦しくてやっちゃいられない職業だけど、子どもより一歩先に歩く人間として、子どもたちにメッセージを与えてあげるのが国語なの。

　こういう授業をしながら、こんどは、人生とは何か、人権とは何か、人間性とは何か、これを学んでいくのね。とくに中学生はいちばんものを考える年ですから、人生をきちんと、人間としての生き方を考えさせようということで、「春」の教材を選びました。これね、坂本遼さんっていう詩人の詩です。むずかしいけれどほんとにいい詩です。目でちょっと読んで。今日は、指導案の書き方とか、この教材を使って全部やりますからね。

　じゃあ、あなたから、読んで。

（学生が読む）

川嶋：あの読めなかったその字は飛ばしていいからね。子どもにそう言ってください。

春　　　　　坂本　遼

おかんはたった一人
峠田のてっぺんで鍬にもたれ
大きな空に
小っちゃいからだを
ぴょっくり浮かして

空いっぱいになく雲雀の声を
じっと聞いているやろで

里の方で牛がないたら
じっと余韻《ひびき》に耳をかたむけているやろで

大きい　美しい
春がまわってくるたんびに
おかんの年がよるのが
目に見えるようで　かなしい
おかんがみたい

そう、子どもに、読めない字は飛ばしなって安心感を与えてあげてね、じゃないと子どもって読まなくなるし発言しなくなる。いつでも、読めなかったら飛ばしていいんだよ。

それを覚えるのが勉強だからね。恥ずかしがらなくっていいのよって話してやってくださいね。先生が教えるからね、って言えばいいの。で、そこは先生が読むね、分かんなかったら仮名ふっていいですよって言っておくの。

この詩は、教科書には今はないです。前、中学の教科書にありました。で、私は教師を辞める時、三十何年間の教師生活の最後の時に、この詩を授業してみようと思ってやった詩です。で、これからどうやったかっていうことを話していこうと思います。

6　子どもの「書き込み」を手がかりに

川嶋：まず、教材を選ぶには、選定の理由っていうのがあるわけです。そして、指導案もそれにもとづいて書くわけです。授業を進めるにあたっては、まず子どもがその教材を読んで、何を感じるかっていうのを書き込む。この「書き込み」というのをみなさんやってくださいね。これをやらないとね、子どもにね、実力、ほんとうの意味の力がつかないんです。読んだら、自分が思ったことや、疑問をどんどん書いていく。

私がある年に、受け持ったばっかりの子どもの書き込みを見てくださいよ。

（学生に、杉みき子「加代の四季」についての、A男の書き込みを見せる）

あなた方これ見てこれ。笑っちゃうんだよ、この子たちの書き込み。いい？　笑わないでよ。

（教材は**太字**　下の［　］が書き込み）

春は線路からやってくる。

［春が線路からやってくるわけがない］

憎らしいでしょ。作者は線路からやってくるって書いているのに。

線路の雪は、どこよりもはやく解けて、［暖たかくなったらどこでもとける］

青草がちらほら。［草が空からふってくるのかよ］

この子、Ａ男っていう子ね。ふざけてるのかね。

その間に、気早《きばや》にも黄色い花がさいたりする。（「気早」について）［意味不明］）

いばってるのよ（意味不明）なんて。今の子ってこうよ。でも、怒ったら最後よ。「何お前ふざけてんだ」なんて怒っちゃ駄目なの。

――どこかに、春がたくさんあるんだ。［はっきりしてないのに言うな］

だれかが、［だれかってだれだよ。］

それを貨物列車に乗っけて、［どこにのっけるのか。］

遠くへ運んでいくんだ。［遠くへ運ぶんならくろねこやまとのたっきゅうびんにしろ］

すごいでしょ、みなさん今の子はこうよ。でも怒ったらおしまいよ。こうやってふざけるんだから。それがね、ヒーローだと思ってるの。ふざけたら人気があるの。行ってごらん、現場へ。ふざけた子がいちばん人気があるから。そうすると、なおふざけるの。テレビ見てごらん、朝から晩まで子どもの番組ふざけてるから。ふざけたほど、ヒーローになるの。うん、くやしいよね。もう吊るしあげてやりたいと思うけとやっちゃ駄目よ。

だけど、汽車ってゆれるから　　［汽車はいま走っていない。］
走ってないよね、汽車なんてね。　［ゆれなかったら春がこないのかよ］
この辺で春が少しこぼれ落ちちゃって、だから線路には、ほかよりはやく春が来るんだ。
［春が線路の上にかよ］
［うっそだー　春が来──た春が来──た
どこにきたー］
もう歌を歌ってんのよ。　［山に来た里に来た野にもきたーって歌が
あるだろーが］
加代は、そう信じている。　［勝手に信じてやなこ］
これが今の子の現実ですよ。こういう子を目の前にするんですよ、みなさん。怒ったって駄目よ、怒ったって直るはずないから。で、一時間の授業のあとに書いた書き込みがプリントの下にあります。
春は線路からやってくる。　［夢のあっていい子だな］
おんなじ子よ、授業後の子。

線路の雪は、どこよりも早く解けて、青草がちらほら。　［青草が生き生き］
気早《きばや》　［気が早い］

気が早いって辞書で調べたんですね。

春がたくさんあるんだ。　［春が一面にあふれている］
［春が見えたらすてきだな］

貨物列車に乗っけて、遠くへ運んでいくんだ。
［世界中まわって夢の国まで行くのかな］
［星くずみたいにキラキラしているんだろうな］

おんなじ子がこういうことを書くの、男の子。それから、最後ね、

加代は、そう信じている。　［自分の夢を信じている］
［作者は、加代が好きなんだろうな］

変わるんだよ、子どもは。みなさん、どっちが好き？　教育大学のね、あなたがたのように、これから教師になるっていう人のところで講義して、「どっちが好き」って聞いたらね、上が好きだって言う人が全部。みなさんどっちが好き？　はい上が好きな人？　ほら、いるんだよ、やっぱり。下が好きな人は？　ほお、人間いろいろだけど、教師としたらば、下のように受け止められる子どもにしてあげるのが教師の仕事ですよって言われているの。テレビのまねしてふざけたまんまじゃ駄目。物事をしっかり落ち着いて考える子ども、それを無理なく落ち着いた子にす

るのにはどうしたらいいか。出だしはほとんど上のような書き込みですよ、みなさん。教育実習に言ってごらん。腹が立つほど上だから。それで授業にのってきて、ほんとうの人間の姿になった時に下になる。無理したってならない。だから下になるのにはどうしたらいいかっていうのが教師の仕事です。無理させないで、下のような落ち着いた子ども、ものを深く考える子どもにするのにはどうしたらいいかが私たちの課題なのです。

7 教材の解釈

川嶋：それで元の教材に入ります。

はい、この資料を見てください、一枚目。まず教材を検討する時には、「一般的な解釈」をする。大人だったら誰でも解釈できること、たとえば、「野原」っていうのは誰だって、野にある原っぱだね、誰でも。次が「専門的な解釈」。「野原」についても、専門家から見れば、いろいろな見方や解釈がある。それで三番目がいちばん大切な「教師としての解釈」。今、この子どもたちはここにいるから、ここまで連れて行こうという、その教材を使って、ここまで連れて行こうというのが「教師としての解釈」。

そこでまず、子どもたちに、この「春」っていう詩について、さっきのような「書き込み」をさせるの。その「春」の書き込みがプリントがあります。でもその前に、あなたがたが、書き込み、やってみる？　自分がどのくらい書き込めるかやってみますか、五分。さっきの教材出して。

書き込みっていうのはね、何を書き込むかっていうとね、まず、「分からない言葉」。これが、線が引けたら今度は「疑問」。分からない言葉は、わって書く。疑問の時にはぎって書く。まず自分で書き込んでみるの。やってみて五分くらいで。さっとでいいよ。うしろまでやっちゃって。三連まで。どんなのができるかね。はい、じゃあ時間がないから途中でいいですよ。やめてください。ここまでがね、まず読みをやって、次が自分で分からない言葉を選んで、疑問を出す。そうしてから、分からない言葉は辞書で引いて、調べておく。そこまでがね、「個人学習」って言います。自分で一人でやる勉強。友達とやらなくてもできる。これ宿題だっていいわけね。

これはね、私が6年生に書き込ませたものです。6年になるとこんなに多く書き込むんですよ。いい？

［峠田］
［ぴょっくり］
［やろで］
［余韻《ひびき》］
［年がよる］

この言葉の意味は、辞書で全部調べてある。

そして、「疑問」㋖。

［なぜ（作者のお母さんは）たった一人なのか］
［（お母さんが）浮いているのはどうしてか］（はじめ）
［浮いているのは、雲雀じゃないのかな］（あと）
それで、その疑問に自分で答えも書いているの。これはなんでかって言うと、友達と話し合って分かったことを書いている。そのことは、またあとで言いますね。それから、
［なぜじっと雲雀の声を聞いているのだろう］
二連では、［なぜじっと、ひびきに耳を傾けているのかな］
三連では、［大きい春とはどういうことか］
これが子どもの疑問。下の欄のように書く子もいます。上の子はかなり緻密な子で、下の子はかなり大雑把な子です。クラスにいろんな子どもがいますけど、すべてを認めてあげてください。それで、まぁこれは子どもですけど、あなた方はどういう疑問が出たか。誰か言って。はいどうぞ。
学生：どうして耳を傾けているのかな。
川嶋：えらい、子どもと同じことが出てるじゃない。そしてそれをね、同じ人がいるかどうか、隣の人と見せ合いっこして話し合いをするの。同じ人が誰かいるか、席離れていいから見つけてごらん。「ひびきに耳を傾けている」に疑問を持っている人がいるかなって、見つけておいで。隣の人と同じだかどうか見てもいいよ。

いた？　ほら、隣の人と話し合って、何があったか。はい、じゃあ、いいです。結構これ楽しいんだよ、隣の人と話してね。で、今のように友達とね、意見交換するのが「相互学習」。お互いにやるから、相互学習って言う。あるいは「組織学習」、どちらでもいいです。これ大事ですよ。そこではじめて、友達が大事だなって思う。だからうんと意見交流するの。

学校の先生って、硬い先生もいるのよ。私みたいにいい加減な先生もいるけど。すっごい立派な先生のあとに受け持った子どもたちに、「友達と話し合ってごらん」って言うとね、席立たないんですよ、動かない。「あんたたちどうしたの。友達と見せ合っていいんだよ」と言うと、「先生が、授業中席から離れてはいけません」と言ったと言うの。そういうクラスがあるよ。硬いね、勉強だったらいいじゃない。だからそこ見分けて、勉強で一生懸命話し合ってるのか、ふざけてるのか。ふざけて、席離れてるのはバツ、友達と相互学習してるのはマル。ここで力がつくから。で、分かるものを分からせて、それで大事なものだけを残すの。

その前に、教師のほうで何が大事か分かんなかったら困ります。いい加減に全部切っちゃったらお話しにならない。「大事なものは何か」というのを見極めるのが、教師の仕事で教材研究なのよ。教材研究ってそこまでやらないと……。

それで指導案を作るのには、まず教材研究をしないと駄目。教材研究を進めるには、

（1）この詩は、坂本遼がどんな気持ちの時に作ったのか？　それは、全部図書館に行って調べておく。

（2）それで今度は子どもに書き込みをさせて、子どものを見て、自分の解釈と子どもの考えとを合わせながら指導案をつくる。

①春という教材を、なんで選んだのか。

②春という詩は、作者がどんな気持ちの時につくったのか。

それをちゃんと調べておくの。

8　指導案を書く

それで資料の私の指導案を見てください。大事よ、指導案というのは。

めあて	教師	子ども	留意点
全体のイメージを把握する。（5分）	全文のおさえをする。	二人読む。	大事にすることば。一人、峠田、誰が何を聞いているか、ほんとうにそうなのか、余韻、じっと、耳をかたむけて大きい美しい春、目にみえるようで、かなしい……誰がどうして、おかんがみたい……だれが。

読みとりをする。 一連 峠田のあたりをイメージする。（10分） 二連 年老いたおかんと貧しい暮らしをイメージする。（5分） 三連 春の意味をとらえる。（20分） 〃おかんがみたい〃気持ちがわかる。	子どもたちの疑問を出させる。 母と子の牛にまつわるエピソードを話し、貧しい家であることを知らせる。 春と農作業の関係を話してやる。 教師の発問 目に見えるは漢字なのにおかんがみたいは、なぜひらがななのか。	疑問 おかんははなれて暮らしているのか。（板橋） ぴょっくり何が浮いているのだろう。（星野） 母、ひばり、雲、どうして牛の余韻に耳をかたむけているのだろう。（中道） 大きい春って何だろうか。（原田他多数） なぜ春に年をとるのか。（竹田） かなしいのになぜおかんがみたいのか。 〃見る〃を辞書で調べる。（金子）	母子の位置関係をおさえる。 母とすることがこの詩のイメージにぴったりする。美しい。 （じっと、かたむける）から心から聞いていることがわかる。 農作業の大変さをわからせる。 （見る、視る、看る、観る、診る）のどれだろうか。 見る、看る、診るにしたい。
朗読 気持ちを込めて（5分）	まとめをする。	二、三人朗読する。	

国語科（詩）学習指導案

六年三組　担任　川島　環
平成六年三月九日

一、教材「春」坂本　遼

二、この詩について

この詩は、一九二七年（昭和2年・坂本遼23歳の時に出版された詩集『たんぽぽ』の中の「春」の一編である。

山村で生まれた青年が成人し、ふるさとを離れ、はるか遠くの母親を思ってつくったものである。自分がいなくなり、たった一人で峠田を耕作している母親、その労働がどんなに厳しいものか息子は知っている。その貧しさもよく知っている。

里のほうで牛がないたら
じっと余韻に耳を傾けているやろで

の中には、同詩集の中の、

牛

おかんは怒ったが
但馬から神戸の屠殺場へ行く牡牛をよびとめて
うちの牛にさかってもらうた

今日おらの旅費に牛を売った
おかんとおらは索かれていく牛見て涙出た
牛は腹に子はろんで
またどこやの監獄へいた

という背景がある。牛を通して母子の間に深いそして苦しい思い出があるわけである。だからじっとであり、この中に深い思いがある。

もしかすると息子がふるさとを出たのは春かもしれない。

今年もまた春がめぐってきた。農作業がはじまる。その仕事はおかん一人の肩にかかってくる。おかんはまた年をとってしまうだろう。そう思うと息子の心は、

――おかんがみたい――

と高揚してくるのである。このみたいは（見たい、診たい、看たい）だと私は思う。

三、この作品を取り上げた理由

①人間の成長に母親は大きく作用する。卒業を前にしたこの年齢の児童（思春期前期）。たちどまってゆっくり母親を見つめさせたかった。そのために「母シリーズ」として参考の資料の詩をやってきた。この作品はその最後である。作品と時代、環境、年齢の異なるこの子どもたちに母親に対する作者の美しいまでにせつない思いを少しでも分かり、自分と重ねることができるようにしたい。また、たとえそれが今できなくても、これらの作品に触れさせておくことで、二十年、30年後何かのひょうしにふと思い出し、このことなんだと実感してくれたらそれでいいと思っている。

②詩の学習訓練に適した作品である。

「わからないことばしらべ」「イメージをうかべる」「詩を読んだ人と読まれた人の位置関係」「心情をとらえる」「疑問をもつ」などの場面を作り易い作品である。

四、学級の実態　（男子17名　女子19名）

詩を好む。今までにやった作品は資料1・2などである。今回、母シリーズとして資料3をやった。

母シリーズをやるに当たって母親のいない子どもが一人いるが、祖母が赤ちゃんの時から母親代わり丁寧に育てているので大丈夫と思いふみきった。

五、全体の指導計画 （8時間予定の8時間目 8Ｉ8）

今の自分の母親を思いおこす（作文、詩）……………………………………一時間

子どもから見た母（ボクの帽子、母が病気で寝ている、母の髪の毛の、茂吉、啄木）

……………四時間

母から見た子ども（お前の誕生日がくる度に）…………………………一時間

〝春〟分からないことばしらべ…………

疑問調べ・感想

味わう……………………………

六、本時の目標

〝おかんがみたい〟という気持ちに同感できる。

七、本時の指導計画

（補ってください）

川嶋：最初にね、この教材の題名を書きます。次の、「この詩について」が、この教材の解釈なの。

図書館にも行って調べるのよ。

　里のほうで牛がないたら

　じっと余韻に耳を傾けているやろで

ほら、君の疑問のとこだよ。ちゃんと書いてある。

「牛」という、こういう詩があるの、同じ作者で。牛に対する思いっていうのがほんと強いわけ。

これが、この詩に対する授業者の考えなのね、だからこれをまずね、教材をしっかり読んでおくこと。どういう背景から出てきてるかで、ただ気に入ったからやるんじゃないよ。

指導案の三、には、「この作品をとりあげた理由」が書かれている。なぜこの作品を教師はとりあげたかということね。たとえば4年生で「ごんぎつね」があるけど、「教科書にあるから」だけの理由では駄目。自分が「ごんぎつね」を読んで、なぜこれを授業として深くやりたいかを書く。深くやりたくなかったら読みだけでいいんだから、読みをして、漢字を教えとけばいい。なぜ丁寧に授業をやりたいかっていうのを、書かなきゃいけないの。人間としての教師が、子どもに伝えたいことをね。私の指導案に書かれているのは、①として、「子どもたちが、母親に対する作者の美しいまでにせつない思いを少しでも分かり、自分と重ねることができるようにしたい」ということです。

特に中学生、「死んじまえ」なんて言いますからね、お母さんに。言ったことあるでしょう？

ない？　ないよね。そんなこと言わないよね。でもいちばん反抗期だから、くそばばあなんて言いますからね。子どもの作文見てごらんなさい。授業参観に来るな、うるせえ、文句しか言わねえじゃねえか。「お母さん」というテーマで作文書かせると、そういう年齢なの。その子どもたちに、母親の気持ちってのを分かってほしい。それから別れ、6年生、卒業して別れて行く子どもたち。中学になっても、いっつも先生はあなた方を見ているよ、っていうイメージも含めているわけ。一生あなた方のことは忘れないよ、ね。

それで、もう一つの理由ですが、「②詩の学習訓練に適した作品である」ということです。それから、「四、学級の実態」を書きます。ね、あの、必ず学級の実態も見てください。実習に行ったら子どもを見ぬくの、どういう子かって。注意して欲しいのは、「母シリーズをやるに当たって母親のいない子どもが一人いるが、祖母が赤ちゃんの時から母親代わりに丁寧に育てているので大丈夫と思いふみきった」と書いてあることです。

必ず子どもを見てくださいよ。お母さんのいない子にこれやったらどんなにかつらいか。やっぱり教師は子どもの心を読んで、一人でも悲しむ子がいたらやっちゃいけないの。でも、一回失敗しました。立教大学で、学生さんにこれやった時にね、途中でね、飛び出しちゃった学生さんがいたの。前の日お母さんの葬式だったそうです。教師は知らないから、やっちゃった。いたたまれないわけ。だから絶対子どもの実態を見てくださいね。一人でも悲しむ子がいないように。

次に、「全体の指導計画」をたてます。それから、指導案の「六、本時の目標　おかんがみたいという気持ちに同感できる」を見てください。これが大事ですよ、必ずこれ書かされますからね。子どもが本気になる山場。それが「おかんがみたい」です。

次が、「七、本時の指導計画」ね。一番上の欄が、配分された時分ごとの「めあて」。次の欄が「教師」で、教師の発問や活動。続いて「子ども」。子どもの活動や、疑問やそれに対して思うこと。それから「留意点」を書きます。学校によっていろいろですが、私はこういう形で書いています。

9　授業の展開

川嶋：授業の進め方は、この計画にあるように、まず、子どもに読んでもらう。全体のイメージを読んでふくらませる。留意点にあるように、大事にする言葉を、きちんとおさえる。それから一連の読み取り、二連の読み取り、三連の読み取り、そして最後に朗読。

指導案っていうのは、演劇で言ったら脚本です。だから、授業展開のそのままを想像して書いてください。留意点は必ずきちっと書く。

で、この詩のいちばんのメインっていうのがあるんです。どこがメインなのか。そこを山場として授業を組み立てる。この詩のメインはどこだと思う？　そこについて発問したら、絶対子どもは、この詩の一番大切なことに触れるというところは？　はい、詩の方を見てください。一連はだいたい想像できればいいんです。作者のこの背景がね。二連は、教師が説明するの。これは、お金に困って牛を売っちゃうの。その牛はお腹の中に赤ちゃんがいて、妹がすごくかわいがっていた牛なのに、この作者の家が貧しくて、その牛を売ったお金でこの作者がその汽車賃にして出稼ぎに行く。妹は悲しむ。その妹が死んじゃうんだよ。だから牛に対する思い出がいっぱいあるわけ。だから里のほうで牛がないたら、お母さんが聞いているだろうな。そうして美しい春がまわってくる度に、今、お母さんはどうしてるだろうな。それで、最後の連の、

　おかんの年がよるのが
　目に見えるようで　かなしい
　おかんがみたい

という思いになるのね。ところで、「目に見えるよう」でって漢字でしょう。それで最後の行は、「おかんがみたい」って「みる」が、ひらがななの。なんでひらがななの？　なんでだと思う？　いいんだよ、真面目に考えなくていいの。私が受け持った子なんか、もう何でも言うから。「ああ作者がね、たぶんね、漢字書くのが面倒くさくなっちゃったのよ、最後は」なんて。自分が面倒くさがりの子だから。すると、わーって、クラス中が笑うの。そうすると真面目な子が、きちっと言うの。どういうふうに言うと思う？

学生：「見たい」っていう漢字だと、ただ見るだけだけど……。

川嶋：あー、すごいすごい。

学生：ひらがなだと……。
川嶋：ちょっと黙って黙って。この続きを言える誰か、この人の。これ「想像説明」って言うの。この人がこの後何言おうと思ったと思う？
学生：ひらがなだといろんな意味がある。
川嶋：ほら、よく聞いているでしょ。そうやって子どもにも他の子の考えを想像させるの。そして、「みる」って漢字いっぱいあるんだよ。探してごらん、探すよ、子どもも。さあ、思いついた人、黒板に書いてみて。（学生、見る、観る、診る、を書く）
川嶋：そうそう、この3つ。まだあるよ。あなた字上手いね。
学生：気のせいですこれ、たまたまですこれ。
川嶋：たまたま上手いの？　ほかに見つけた人は？　あー看護師さんの看ね。それくらいかな、まだある？　まあいいや時間ないから。すごいよ。これはほら、「診る」は、お母さんが病気になってないかどうか、お医者さんが診察して、そしてもし病気があったら「看病」してやりたい。これはお母さんをよく「観察」してあげたい。こういう意味が全部含まれているから、ひらがなの中に全部入ってるんだよ。そうするとこの、作者の気持ちが分かるでしょ。はやくそこに行ってお母さんを、いろんな意味の漢字で「みて」あげたい。そういう気持ちだね。

10　授業の中の子ども

川嶋：それでね、これはね、この授業をしたクラスの子どもじゃないんだけど、子どもたちってこういう顔しますよ。質問された時、考えている。そして、「あ、こういう意味があったのか」と分かった時、ね、おんなじ子だけど、分かった顔と困った顔違うでしょ。この子たちはほんとによく勉強した子でね、この子は国際基督教大学へ行ったの。この子は歌が好きでね、東京音楽学校へ行ったの。このクラスの子どもは勉強好きでね。

ほら、この子は〇〇さんって言って、これ考えている時の顔。考えてる。同じ子よ、表情違うでしょ。これが授業なの。分からせるってことはこういうことなの。ほら、この子なんか見てごらん。困った顔してるね、まだ分からない時。考えてるの。それからね、おもしろいんですよ。これが、発表してるところ。これは算数ですけどね。それからね、これがまたおもしろいの。授業が終わっても、解決がつかないから、ああじゃないこうじゃないって、休み時間まで黒板とこへ出て来て考えている。私は、これがほんとうの生きた授業だと思っています。あと、この子なんか一生懸命でしょ。3年生の時はどうしょうもない子でね、この子なんだよ。髪の毛とかしてこなかったから、私が、「髪の毛とかしてきた？」って髪をさわったら、「先生が俺の髪引っ張った」って、教育委員会に訴えられちゃったの。私、現職の時、3回訴えられたの。でも、「こういうわけです」って説明して了解はつきました。だから教師生活はいろいろあります。ほら、これいいでしょう。「席離れていいんだよ」と言うと、席離れて、でも遊んでないでしょ。寄り集まってみんな先生の手を離れて勉強してる。これがほんとうの学級です。これはほら、授業が終わったって、ああじゃないこうじゃないって集まって、討論してるね、これがほんとうの授業だと私は思っています。

こういう学級を作り出すためには、この「春」について子どもがどう考えるかを探り、それを積み上げた上で指導案をつくる。指導案は大事ですよ。指導案がきちんとできたらもう、授業の半分はできたようなものね。で、指導案をきちっとつくって実際の授業をやるわけです。

この授業のビデオ見ますか。時間はまだちょっとあるから十分くらいビデオ見ます。私の話ばっかりじゃつまんないもんね。

6年生です。

（以下、ビデオの視聴　＊は、川嶋による途中のコメント）ビデオの音声はカット

＊すごい想像力豊かね。

＊この子も不登校だったの。

川嶋：すごく子どもたちが一生懸命ね。遊んでる子がいないでしょ。大変なクラスだったんですこのクラスは。３人不登校の子がいて。３人とも学校に来るようになりましたけど。

そういう子もちゃんと授業に入ってましたね。

で、これは最後に、私が子どもにあげるメッセージで、作者は、おかんがとてもみたい気持ちになったねって、それで、「あなた方はこれから中学生になる、小学校を離れて、私とも離れて、中学へ行くけど、私はこの作者みたいに、あなた方のことを忘れないからね」って、最後にひとこと言ってあげました。子どもと別れる時にね、「人生上手くいってる時は来ないで、面倒くさいから。ほんとうに困った時だけ相談にのるから来てね」って言ったの。そうしたら、3人、今までの間に3人来ました。

11　基礎学力を付けさせる

川嶋：だから、教材を通しながら、子どもの心に訴えていくっていうことが、教師の仕事なんじゃないかなと考えます。それと、やっぱり、基礎学力は付けなきゃ駄目。だから最後にひとこと、基礎学力の付け方を言います。一つは、この子どもたちが、授業がおもしろいって、授業にのってくることも大事だけど、だからと言って漢字が書けるようにはなりません。教師の工夫が要るんです。最後のこれ見てください。これ実際に使えるからね、大事に使ってください。まずこっち見て、音読カード、左側です。これ毎日読ませるの。例えば「ごんぎつね」なんか長いから、家で一回読んで、そこに題名書いて、自分がとても上手だったらば二重丸、下手だったら三角。

お家の人にも聞いてもらって入れてもらう。これが親子の会話ですからね。それから先生はそれを必ず見てあげる。でも、いちいち見ちゃいられないから、先生はサインだけでいいの。

判子押しゃいいの、「見たよ」って。で、朝来たら、これは必ず提出させて見てあげる。詩の場合は別だけど、長い物語なんかは、この音読カードをあげて、読みをきちっとやっておいて授業に入る。それから、言葉調べのさせ方。これも実際に使えるから使ってね。まず、その言葉のページを書く。そして何行目（L、ℓ）。そして、たとえば、春だったら春って書くでしょ、そしてその言葉で想像することを書く。春なんか想像しようがないけど、「春夏秋冬の春です」って書いたっていいね。それから、むずかしい言葉なんかは、家の人に聞いたり、さっきのように友達と教えっこしてもいい。そこまでは辞書なんか頼りにしないで、自分の頭で考えるの。その上で、「ほんとうかな」って辞書引くの。辞書には3つくらい意味がありますから、この文章上はこれだってマルつけてね。この作業は、ノートにやらせるといいんだけど、ノートにはなかなかこれできないから、こういうプリントをあげて、これに書かせて、ノートに貼らせるといいです。じゃないと、子どもは言葉を調べないからね。これはとても使えますよ。まず自分の頭で想像して、それから辞書を引く。

今度は表を見てください。漢字テスト、1から3、10問テストです。さっき言ったとおり、漢字はどの子も苦手です。学級を受け持ったら、漢字テストを二日にいっぺんやってください。ノートは、「国語のノート」に「漢字ノート」を持たせて、一日に2つか3つやらないとね。ものすごく今、漢字が出てきているから、毎日、2つか3つ漢字指導して、そして、下が宿題。

これは、「山」の字の練習の仕方ですが、練習した字の下に、なんでマルがあるかって言うと、学校でね、筆順をちゃんと教えて、いち、にー、さん、これが「山」ですよ、と言いながら、みんなで一緒に書くわけ。そして次のマスにマルを入れる。で、「今度は自分で書いてごらん」って言って、いち、にー、さん、の順序で書かせ、間違えなく書ければ、下のマスにマル。こうしたあとで、次は宿題。それがノートにある、川、マル、川、マル。

何でここマルつけるか、必ずみなさん笑いますよ。「山」、学校で二つ書きますね。あとは宿題。宿題だと、最初に真ん中の線だけ、書く字数分だけ先に書き、それから2画目だけ書く。こうやっちゃうの。子どもって利口だよ、早く書いちゃえばいいんだから。でも、このマルがあるとそれができない。だからまず子どもの心理を見破って、マルをちゃんとつけさせる。向こうが向こうならこっちもこっちよ。子どもに負けちゃダメ。それで国語の漢字ノートをきちっと持たせて、1日3字くらいやると、3日で10題くらいになるから、そうすると3日にいっぺん漢字テスト、10題。それで、80点までは勘弁してやるの。80点以下は残す。

12　教師の姿勢

川嶋：そうすると川嶋先生は怖い先生ってなるけれど、残すの。塾があるので、塾に遅れちゃうって親から文句がある。そういう時ね、親から文句きたらどうする。負けちゃ駄目よ。「ああそうですか」なんて言ったらなめられちゃうからね。「学校と塾どっちが大事ですか、何のために塾やってんですか」と聞いて答えさせるの。こっちがこう言うとね、親もね、「学校が大事です」と言うから、「じゃあ残します」。負けちゃ駄目よ親に。今、親はむずかしいけれど、理屈が通れば大丈夫。若い先生はほんと親になめられちゃう。今は、管理職、校長、教頭、教育委員会よりも親が怖い時代。負けないで。負けないためには、きちっと教師としての筋を通しておくことね。それには、教材研究をきちっとやって、それをちゃんと自分のものにして、子どもに分かるように教える。あのビデオの子、三人不登校、4年まで3人とも来なかったんですよ。そういう子も喜んで学校に来られるような教室にしてやる。そうしたら親は、こちらが何を言っても聞いてくれるから、さぼっちゃ駄目よ。教師の一生懸命さが分かればね、そうすると子どもがどんどんどんどん力がつきます。

でも、川嶋先生ってのは、人気のない先生でね。3、4、5、6年って4年間受け持った子がいるの。あ、このクラスだ。もちろん5年になる時にクラス替えがありましたけど。

でも、その子たちがね、6年になる時なんて言ったと思う？　校長先生のところに行って、「川島先生怖くて嫌いだから嫌。担任代えてください」って、陳情に行ったんだって。私のクラスの子どもだよ、どうするそしたら。担任するの嫌になっちゃうよね。子どもに嫌われたら受け持つの嫌だよね。私どうしたと思う？　教室に行きました。「あんたたち校長先生に、川嶋先生は嫌って言ったんだってね。6年になったら、担任代えてほしいって言ったんだってね。いい子だね、だから持つよ」。

それで6年まで受け持った。3、4、5、6年生、四年間よ。で、その子たちが中学へ行ってどうしたと思う？ 「先生、あんなこと言って悪かったね」と言うから、「なんで今頃来るの。いい時は来なくていいって言ったでしょ帰れ」って言ったらね、中学へ行ったら学力テストってあるんだって、すぐに。「俺たち同じ中学へ行くから、1番から10番まで全部俺のクラスだったんだよ先生」「うるさい、勉強だけが脳じゃない、お帰り」と答えて、その時は絶対に従わないの。「あんたたち川嶋先生嫌いって言ったじゃない、帰れ」って帰しちゃったんだけど、まだその子たちがね同窓会やるの。もうあの子たち五十歳くらいだよ。だからね、みなさんそういうもんなの、子どもって、厳しくてもいいのね。悔しくて憎らしくて、叱ったら駄目よ。その子の為を思って叱るのは、叱られ方で分かるの。だから、教師の厳しさは　優しさだと思うの。ただ単に怒ったんだったら駄目ね。

ほんとうに泣いて来る子もいる。6年生くらいは思春期だから。先生、この気持ちがどうにもならないって泣いて来た子が、名前は、〇〇子ちゃんっていう子ですけどね。その子が未だに来るのは、なんの相談で来るんだと思う？ 一回はね、中学が嫌になって来たからって。

その時は、行きなって言った。大人になって来た問題はなんだと思う？ 「先生、離婚したいの」って。離婚の相談で私のところに来たってしょうがないでしょう。私が仲に入るわけにいかないしね。だから、「勝手にしろ」って言ってやったの。そしたら、「やっぱり先生、我慢することにしたよ」って電話がありました。

それから、この前、私が一番最初に6年生を受け持った子ね、もう六〇年目くらいだね、その女の子から電話があって、もう孫がいるって言ってた。そして、私のこの本見て、「先生読んだんだよ」って。そういうもんよ。

私は怖い先生で有名だったから、同窓会するとね、「ああ、世界一怖い先生が来た」って言うの。「じゃ同窓会しなきゃいいのに」って言うんだけれど。怖いってことは、自分たちを思ってくれていて怖いというのと憎らしくて怖いってのは、子どもは分かるのね。だから、私は世界一怖い先生でもいいと思う。「何が怖かったの」って言うとね、「先生は、俺たちがしたこんな小さな悪いことでも、すぐ見破るんだけど、どうしてだ」って聞きました。なんで見破れるのか、自分でもよく分からないけど、子どもの顔を見ると分かるの。これは何か隠しているなと。だから、そういう、子どもの心を見抜く教師になってあげてください。「あなたたちを愛してるよ」っていうのが、どんなに叱っても分かるからね、子どもはね。教師の仕事は因果な職業だけど、その子のために、やっぱりやりがいのある仕事だから、実習頑張って、うん、ついてくるよ、もうほんとについてくる。実習生大好きだからね、はい、私の話は以上です。

13　学生からの質問に答えて

川嶋：ちょっと質問あったら、一人二人ね。もっと深い質問あれば後でお受けしますから。全体の中で質問があったら一人二人してください。あの、おばあちゃんだと思ってね。

学生：本日は、とても素敵なお話ありがとうございました。聞いてて、結構、感動したといいますか、上手く言葉にできないんですけども、先生が今まで教師としてやられてきて、子どもとの関わりでいちばんよかったなって思うエピソードなどありましたら、お聞かせください。

川嶋：よかったこと？

学生：はい。

川嶋：教師の仕事ってね、よかったことなんてない、日々が辛い、辛いのが当たり前。

学生：じゃ一番辛かったお話は。

川嶋：教師辞めようと思ったことが3回ある。一晩中眠れなかった話するね。6年生を受け持った時に二クラスだったの。で、隣のクラスの先生が管理職試験受けてるので、いつも教室は留守だったの。メッチャクチャ教室が。私のクラスは、このクラスの前の廊下を通らないと外へ出られないの。と、このクラスの子がね、廊下で待ち構えていて、股くぐんないと外へ出さないと、私のクラスの子を邪魔するの。私は思わず怒ってね、とっ捕まえて、「なんだっ」て言っちゃったわけ。股くぐらせるなんて屈辱よね。その時ね、その親が怒って、教育委員会に訴えたの。なんだってこうやったって、暴力だって、その時私一晩中眠れなかったけど、私は悪く無い、辞めさせるなら辞めさせろと思った。それくらいの覚悟してないと教師できない。でも一晩中眠れなかったね、そしてどうしたかって言うと、それが公になるとね、隣の先生が、いい加減なクラスを作ってるのが、ばれちゃうわけ。で隣のクラスの担任が親に謝りに行って、教育委員会に訴えるのとりやめてくれって頼んだの。これが公になると、自分のクラスがぐちゃぐちゃになっていることが表に出ちゃうから。それで落ち着いて、収まったの。それくらいだね。教師って仕事は辛いけど、やっぱりそういう行き違いみたいのがときどきあるから、引いちゃダメよ。自分が正しいことやった時は引かない。

それと、もうひとつは、さっきこれにも出てきたけど、女の子ですごく分からない親がいて、その親も私を教育委員会に訴えるって言ったの。なぜかって言ったらば、自然教室でディズニーランドへ連れて行く朝、その子だけ来ない。バスが来てるのに。それで、一生懸命待っていたらね、弁当も何にも持たないで来たの、遅れて。何でかって言うと、その子はカメラ持って行く係だったので、そのカメラ持って来ないと他の人に迷惑だからカメラだけ届けるって、お母さんが、その子を寄越したの。その子が何故ディズニーランドへ行くのがダメかって言うと、前の日に、洗濯物をためって言うのにやっとかなかったんだって。それでバツで行かせないって言うわけ。それで私はね、乗れ乗れってね。弁当なんか持たなくたって私の半分あげるからって、バスへ乗せちゃった。そしたらお母さんが人さらいだって、２時間おきに教育委員会へ連絡したって。川嶋先生は人さらいだって。帰って来て、その子と一緒に母親のところに謝りに行ったの。でもお母さんは、「家へ入れない」って言ったから、「私が連れて行ったんです、許してください」って謝りました。

それからもう一人、お父さんと子どもだけでとても大変な家庭の子がいて、その父親が、何かのことで、私の目の前でその子を殴るんですよ。「ぎゃーっ」て言うまで。その子の場合も、自然教室へ行かせないって言ったのかな。それで、「私が連れて行くから、ぜひ行かせてくれ」って頼みに行ったの。すると、「俺も小学校の時行かなかったんだから、こいつもやらないって言うわけ。そしてその子をね、こう蹴るんだよ、自分の子を。それで、「蹴るんなら、私を蹴れ、私を蹴れ」ってその子をかばったの。そうするとさすがに私は蹴れないわけ。それでその子を連れて、学校へ戻って、保健室において、お父さんの気が静まったころその子を連れて行ったことがある。そういうことたくさんある。だけど負けたら駄目。子どもはありがたいと思ってるかどうかは知らないけど、やっぱりいろんなことがあって当たり前。辛いことといっぱいあるよ。でも、正しいことやってくかぎりは通るから大丈夫よ。心配しない、へこへこしない、したらおしまいよ。あとない？

学生：今日はありがとうございます。質問なんですが、中学での授業のために、教材研究をいろいろしていて、自分が納得のいく教材をつくるまでの過程ってどのようにしたらよいでしょう。

川嶋：授業で納得いかないっていうことですか。ちょっと先生教えて。

宮教大の教師：要するに、教材を、納得いくまでどうやって解釈するのかってことと、まず教材自体どうやって選ぶのか。選ぶことと、解釈のすすめかた、という二つの課題のことをお聞きしたいのだと思います。要するに、いつも自分で納得のいくようにしたいので、川嶋先生は、ご自分が納得いくまで、どういうふうに教材を選んで解釈したかをお聞きしたいのです。

川嶋：はい、肝腎なのは、子どもの現状を見て、この子にはこれを与えたいっていう教材を選ぶわけ。でも読んでも読んでも納得いかない時はもうやらないで、そーっとしとく、できるまで。「手袋を買いに」って、新美南吉の話があるの。あれなんかはね、もう何回やったか分からない。同じ教材を5回でも6回でも、一生やってる教材もある。宮沢賢治の「やまなし」なんか全く分からない。

それとあとね、今ね、支援学校、不登校の子どもの学校に行っているの。教育委員会でひとつ場所つくって、不登校の子だけが集まる。そこで詩を作らせているんだけど、その場合でもね、書けない子は書けないね。だから無理には書かせないで、もうちょっと時間おけば書けるなって思って、もう一回、行くことにしています。一呼吸おいて、静かにさせておくとまたやるようになるから、大丈夫。良い教材がいっぱいあるからね。とくに小4は良い教材がいっぱいある。「ごんぎつね」なんかほんと、人間は一人では生きていられないことを考えさせるんですよ。ごんは、何回だって、あの兵十のところへ行くでしょう。ごんは、人間を譬えてるわけだからね。

人間ってのはね、一人じゃ生きてられない動物なんです。だから人の間って書くでしょ。だから友達と仲良くして、家族と仲良くして、生涯を尽くしていくのが人間って、子どもに教えてあげてください。

（於・宮城教育大学・２０１６年８月）

二 「土よう会」での講話

（土よう会は、松平信久先生が主宰する、現役教師と学生による、授業と表現について学ぶ勉強会です。川嶋はここ数年、毎回参加しています。）

講話（I）教師が「教師」になる時――私の初任期

川嶋と申します。よろしくお願いいたします。

もう現役ではありません。教室へ入ると、子どもが、「先生いくつ」と必ず聞くんです。38歳と言うと「嘘だ」と言うから、「逆さにして」と言います。「38歳を越えたのが私の歳」と言うと「へエー」と言います。それで私、立たないとしゃべれないのよ。これ教師の癖ですね。

最初の「教師が教師になる時」というプリントを見てください。教師生活の六十余年の歩みです。

もう六十余年、教師をやっています。いい加減辞めると言いたいのだけれど、まあしょうがない、くっついています。

私が教師になったのは昭和31年4月、群馬県佐波郡境町「島村小学校」に赴任。当時の学校長は斎藤喜博。おもしろい先生でした。私のことについて、「こういう人がいる」と斎藤先生の耳に入ったのでしょうね。背の高い人が私の家に来て、玄関のところから顔が見えるの。それが斎藤先生でした。そして第一声。何と言ったと思う？「君、得意な課目は？」違う。そういう普通のことではないの。聞くことが違うの。何て言ったと思う？　その質問は、「あなたは学生運動をしましたか？」と言うの。私、まだ22歳。大学を卒業したばかり。「しました」と言った方がいいのか、「しません」と言った方がいいのか、迷っちゃったわけ。私は、「学生自治総会」というと、裏門から逃げて「ローマの休日」なんかを見に行っちゃったほうでした。それで正直に、「しません」と言ったらば、先生は、何かがっかりしたらしいんです。学生時代に学生運動の一つもしない人間は駄目だって、最後の最後まで言われました。何なんでしょうか。若い頃は燃えろということなんでしょうね。年をとってまでやっているのは馬鹿だって。

昭和31年に初めて赴任して担任したのが6年生。大変でした。だってね。6年生って勉強だけ教えていればいいと思っていたの。分数のかけ算とか、理科とか、私、理科得意だから。ところがね、教師ってもっとやることがあるのね。

教師になって最初に困ったことは、「先生」と呼ばれたこと。私、旧姓は児島って言うの。「児島子先生」って誰だろう。洋服だって、学生時代のきれいな洋服を着て行くわけ。私、背も低いし、子どもみたいな顔をしているから。掃除なんか子どもと一緒にやっているとね、お客さんが来てね、担任はどこにいますかってね。担任が分からないんです。どこにいるか。私が22歳で、子どもが12歳。たいして変わらない。どれが担任で、どれが子どもなのか、分からないような教師だった。だから困りました。まず先生って言われることが恥ずかしいの。返事ができないの。新学期にやることが分からない。

勉強を教えればよいと思っていたのに、やることはいろいろあるのね。まず席決め。ワイワイワイワイ。子どもは誰ちゃんとは嫌だの、我がまま言うの。誰と並びたいとか。その次に名簿づくりが分からない。だって、出席率何%とか、全部出席率の%を出すのよ。毎月。それから教室掃除のやらせ方が分からない。給食のやり方なんて、なおさら分からない。それから時間割のつくり方なんかも分からない。先生たちは教えてくれない。学生時代の実習でも、私たちの頃は、（大学学芸学部の）付属に行ってやるのでしたが、1クラスに、5人学生が入る。そのうちで研究授業をする人は一人なの。「私やりません」て言ってやらなかったから、子どもの前で話をするのも不慣れ。30人を相手にしゃべるのってむずかしいのね。話し方ができないの。それから服装は、ちゃらんちゃらんの服を着て行って。やっぱり教師は教壇に立つ時は、ちゃらちゃらスカートでは駄目ですよね。その頃、こんな短いスカートが流行っていて、そんなスカートをはいていたわけ。教師として教壇に立つ時の服装。体育の時の服装。それ知らないの、全然。先輩から学んでいきました。何日もちゃんとスーツ着ていろってていうわけではないけれどね。この頃は体操着のまま教壇に立つ人がいるけど気を付けた方がいいかもしれない。何でかって言うと、体操着だと、しゃべり方まで体育になり、「気を付け!」、「こっち向け!」って、なっちゃう。これ子どもがかわいそうですよ。命令じゃあ。教室では、「○○ちゃん、いい子だねえ」、と言ってやらないとね。それができなかったのよ。新人の頃は、授業以前のことね。さまざまありますが、さっき直井先生がここでやってくださったでしょう。体ほぐし。授業以前の問題なんだけれど、そこで脳が発達するのね。

このへんで、40年、50年前の、島村小学校(島小)の子どものビデオを見ます。(ビデオを見せる)

これは、「芽ばえ」という創作劇で、担任は船戸咲子先生です。(もう5~60年前になります。まず入場です。音が出なくてごめんね。この視線の方向とかを見てくださいね。腰の動かし方とか足の先とか。芽吹きを表しています。この表情いいでしょう。この立ち方。画像止められます?(画像一時停止)。この子の表情、これが芽吹きの表現です。教師は、ああしろ、こうしろとは一言も言っていません。音楽に合わせて子どもは自由に動いている。武田常夫先生が音楽担当ですが、教室の時はピアノで、外ではアコーディオンです。「早春賦」の曲が流れます。指導者の船戸先生、ああしろ、こうしろとは一言も言っていません。よおく音楽を聞いてそれに合わせています。

これは、職員合唱。おもしろいね。職員合唱、楽しかったあ! 武田先生がアコを弾いて、みんなで歌うんです。職場が楽しくなくては駄目! みんな嬉しそうに歌っているでしょう。私なんかまだこんなに若いの。これは上野三碑（こうずけ　さんぴ＝高崎市にある、七、八世紀の三つの石碑。漢字文が刻まれている）への遠足よ。こうやって職員が明るくなくては駄目！　学校へ行って年中丸つけしているんではね。明るい職場だとやる気が出る。そういう職場でした。（ビデオは以上）。

最初の年に困ったことは、今、言ったようにさまざまありますが、一番困ったことは、なんと言っても［授業］。それは厳しいんです。最初ね。今言っているアクティブ・ラーニングですか？　子どもの話し合いとか、子どもを主体にした授業なんて言うと、教室がバラバラになっちゃうの。私の新人の頃の話よ。それで教え込もうとすると、子どもは聞いていないで遊び出しちゃうの。私がどうやって授業をやったらいいか途方に暮れていると、そういう時に限って斎藤校長が廊下を通るの。その後、授業が終わってからが大変。二階の教室から下へ降りて行くと、下駄箱があるの。斎藤先生はいつもその下駄箱に靴を入れないで、一番上に置いとくのです。その時の靴の並び方で、今、斎藤先生に怒られるかどうかが分かるの。靴がずれて置いてある時は、機嫌が悪くて怒られる。しっかり並んでいる時は、多少授業が下手でも、怒られない。だから並んでいる時だけ、職員室へ行くの。

あの頃の子どもたちが今になって勝手なことをしてごめんねとか、いろんな手紙をくれます。ある時、教室に行くと男の子がいないで女の子だけ座っているの。どうしたのって聞くと、「授業が嫌だから川原へ遊びに行っちゃったよ」って。そこへ校長先生が来たの。こういう時に限って来るのね。女の子は、相談しているの。「うんと楽しいことをやろうね。そうしたらあのバカ男たち帰って来るから」というわけ。女の子はお姉ちゃんだから。それを見ていて、斎藤先生は怒らないのよ。

みなさん、「天の岩戸の話」知っている？　天照大神《あまてらすおおかみ》が怒って岩屋へ入っちゃった。天のうずめの命が裸踊りをするじゃない。それで天照大神は何をやっているんだろうと開けたところ――。「おもしろいことをすれば、男の子たち帰って来るよ。やろう、やろう」と女の子は言うの。「この子たちは、神話の世界をまねたようだ」と、校長先生からほめられちゃった。ほんとうは逃げられちゃったのだから、私は叱られるはずだけれど、「女の子がいいね」とほめられちゃった。斎藤先生って不思議な人。英ちゃんて子が、教室へ入って来ないの。何でかって言うと、つばめが巣を作っているのを見たくて、ずっと見ているの。もう授業が始まっているのよ。そこへ校長先生が来て、英ちゃんが、「校長先生、つばめ見て見て」と。そして英ちゃんと二人で見ているの。「いい子だねえ、英ちゃんは。このくらいの子でなくては駄目だよ」と言いながら、一緒に教室に連れて来てくれるの。教師の私は怒られたけど、子どもを叱った覚えはないですね、斎藤先生は。どんなことをしても子どもは叱らない。「子どもが悪いのは教師が悪い」と言って、教師は叱るが、子どもは叱らない人でしたね。

何もかも分からない、うまくいかない。でも、私は、子どもが悪いと思っていたの。子どもが暴れ出すのは、子どもが悪い。それで私は、一年目の終わりに、教師を辞めようと思いました。日記帳にどうしようか、辞めようと思うと書いていた。そのことを父親に話しました。そしたら、「お前、石の上にも三年という言葉を知っているか、三年は我慢しろって。三年たって駄目なら辞めていい。自分で教師になるって言って、何で、途中で辞めるんだ。そんなことでは何やったってできない」と言われた。昔の親は怖かった。そしてそのあとがまだ続くの。「人間というのは十年で一人前だ。十年やらなくては一人前とは言えない」、と怒られた。それで私は、春休みに考えました。そして、お願いして一年生を持たせてもらいました。一年生を持ったら、さすがに子どものせいにはできない。一年生がワイワイ言うのは教師が悪いんだよね。一年生は子どもが悪いはずがない。

斎藤先生は、私に先輩の授業を見ることを勧めました。武田常夫先生、金井栄子先生、赤坂里子先生はすごい授業をしているの。校長先生が、そこへ見に行けって。それで見に行きました。

それから斎藤先生は、私に「優等生は駄目です」と言いました。英ちゃんという子、つばめを見ていた子は、優等生ではないの。百合子ちゃんも、67と76のどちらが大きいか分からない子です。でもね、とてもナイーブないい子なの。優等生ではないの。「あんたは優等生だから駄目だ！ 百合子ちゃんに学べ、英ちゃんに学べ」と言われました。私は優等生ではなかったけれど、数学はできたの。数学は試験免除でした。途中でこうやってノートを出すと、先生が、「もういい、本試験を受けなくていい」って。ところが国語が駄目なの。だって数学なんてやさしいんです。1＋1＝2。公式さえ覚え計算さえできれば。

次に斎藤先生が言うにはね。魅力のある教師ってどういう人かということです。それは、「美人であること」、「育ちがよいこと」「頭がよいこと」だと言うんです。「美人であること？　えっ、駄目だ」って思っちゃいましたね。自分が美人だって思っている人なんていないですよね。で次が、「育ちがよいこと」。わあ、私駄目だって。私、育ちが悪いもの。何でかって言うと、農地解放で農地を全部取られちゃった。だから食うや食わずの生活でした。旧制の女学校でしたから、大学受けるのをやめようと思った。だけど学校の先生が、大学くらい行っとけと親に頼みに行ったの。それで大学は授業料免除。授業料なし。それと奨学金。農地解放って嫌だなと思ったけれど、そんなことないよね。あれで潤った人もいっぱいいるんだから。それはともかく、「育ちがよい」ということも駄目だなあと思って、斎藤先生に聞いたの。「家は貧しくて育ちは悪いです」。「君は育ちが良い、悪い、の定義を知らないな、どういうのが育ちがいいのか今から教えてやるからな」と。「お金があることじゃあない。いい洋服を着ていることじゃあない。育ちがいいって言うのは、親が子どもを大事に丁寧に育てているかどうかってこと。今の親を見てごらん。自分はいい服を着ていて、子どもにご飯を作らない親がいるからね。こういうのは、育ちがいいって言わないんだ。ちゃんと親がご飯を作ってくれて、食べさせてくれて、そして寝る時間に寝せて、本の一つも買ってやって読んでやって——」。あっ、よかった。それなら、私大丈夫だと思ったわね。美人というのはね。顔の造作ではないって。目がぱっちりしているだけが美人ではない。心が出るんだって。心が顔に出る。それができたら美人なんだって。で、ちょっとはいいかなと思ったりしてね。「頭がよいこと」って、これも私駄目と思ったの。頭がよくない。どういうことだと思う？　微分が解けたって、駄目なんだよ。微分ができても頭がいいって言われないのね。私ね、数学は試験免除だったんですけれど、斎藤先生はね、「そういうのを頭悪いって言うんだ。文学の一つでも読みなさい！」って、こうですよ。そうしたらさ、源氏物語とか枕草子とかを推薦してくれればいいのに、こともあろうに、太宰治だって。もう一人は、ドフトエフスキー。それで全集買ったの。本箱にある。でも開いていない。そのまま、きれいに本箱に並んでいます。

この二人の作家を選んだのは、「弱いものが人間だ。あんたは強いとこしか持っていないだろう。子どもを見てごらん。そんな気持ちで子どもを見たら、子どもは弱い部分をいっぱい持っているんだ。そこが見えない教師は教師として失格だ。だから太宰治を読みなさい！」って。この間、調布でね、太宰治を読む会があったの。初期の作品はいいねえ。「人間失格」は後期のものです。初期の作品はものすごくいい。

で、親には石の上にも三年と言われるし、斎藤先生には太宰治を読めと言われるし、これは駄目だって。教師を辞めるしかないと。でも、春休み我慢して、「ようし来年から再出発だ、私のどこが悪いんだか職員会に提案しよう」と考えたんです。四月の職員会。いつ出そうかいつ出そうかって、他のことなんか何にも聞いていない。早く私の出番がないかって。やっと「これで職員会が終わります」となった時に、私は提案しました。「私的なことですがお願いします」。「私の人間として教師の欠点は何ですかって」「去年授業を失敗しました。今度失敗したら教師を辞めます。どういうところに気をつければよいか教えてください」と。馬鹿だね。公式の職員会でよ。すると出た、出た。例えば、言葉使いが悪いって言われたの。私、子どもを怒鳴ったことないよ。ちゃんと普通に「みなさん、こちら向いてください」。何で言葉使いが悪いか。それは、私の使う言葉が、子どもたちの言葉から離れて浮いているということなの。「みなさんノート出してください」ということが、なんで悪い言葉使いかって言うと、「郷に入れば郷に従え、島村の言葉を使え」って。私は、ずっと町育ちできたでしょう。そうすると「だんべえ」言葉が使えないの。だから子どもとしゃべる時にも、「何々ね」、「はい、そうです」となっちゃうの。授業中はいいかもしれないけれど、休み時間まで、それをやるんじゃあないって。覚えましたね。「ああだんべ」、「こうだんべ」と。この前、「沖縄の子どもが、こっちから行った先生を全部ボイコットするの、何でですか」と聞かれたから、「あんたは沖縄の言葉しゃべべんないからよ」「だってしゃべれないんです」と言うから、子どもが心開くには同じ言葉をしゃべらなくては駄目だって言いました。

二つ目は、「気どっている」。だから言葉使いもそうだけれど、郷に入れば郷に従え、洋服もミニスカートなんかはくんじゃあないって。ちゃんと教師らしい服装をと。斎藤先生は教師らしい服装などとは一言も言わない。だけれど先生方から見たら気になったのでしょうね。だから服装も気をつけました。それから聞いてね。新人の人。私、決心したの。お茶入れと便所掃除は私がすると。そのころ便所掃除は業者でなかったの。六年生がやってたの。かわいそうでしょう。だってうんちやなんかで汚れているんだもの。子どもがやるんだよ。だから私がやる。それで朝早く来て、先生方のお茶を全部入れた。授業方法を教わるんだから、私はそれをやる。それで朝，便所掃除をして、帰りもまた便所掃除をして，そこからやるって決心したの。そこから決心しないと，やはり授業はできないね。しゃらしゃらしたらできない。体当たりです。

もう一つはやっぱり［授業］。先生方に見てもらう。五月、研究授業を一か月で5回しました。手のあいている先生見に来てくださいって。もちろん斎藤先生は毎回来ました。でも、「よし」の言葉を出してくれません。まだ駄目、駄目。私は子どもの前でしゃべるのは下手だ。それなら教具の工夫をしようと考えました。教具で子どもを魅きつけようと。一年生がよく使うサイコロ。あんな小ちゃなサイコロで、1＋1はと、一人でやっているにはやれるけど、全体の話になったらの話を聞かないから、私の方に集中させるためにはどうすればよいか。それでね。ダンボールを用意して、大きなサイコロを2つ作りました。クラスを赤組と白組に分けて。こっちがポーンと投げると、子どもはうわっと逃げるでしょう。こういうふうに投げるとぶつかって、そして、1＋3＝4。そしてノートに、1＋4は、と書かせる。またやろうとやっていたら、斎藤先生が見に来てくれました。初めてほめられました。何てほめたと思う？　内容なんてほめはしない。だって1＋4は、誰だってやっているのだからね。内容をほめられたのではなくて、サイコロを投げた時に、子どもは何が出るって、一斉に首を伸ばして覗き込み集中したので、「（操り糸で首を引っぱられた）人形劇の人形ですね」、とほめてくれました。それからというものは何でも大きなものに集中すればいいんだと。馬鹿っだねえ！　でもやってごらん。しゃぼん玉を作ることが、理科であったの。どうやれば大きなしゃぼん玉ができる？　覚えてください。子どもが喜ぶから。理科の特意な、宮城教育大学の高橋金三郎先生に、どうすれば大きなしゃぼん玉ができますかって、聞きに行ったの。先生が教えてくれたのはまずね、ストローの先をこう切るの。そして開くよ。そうすると出口が開くので、大きいのができるの。もっと大きいのを作るには、理科の先生だったら知っているよ。理科室にあるものを使うの、ロート。漉す時のロート。これいいよ、上が開いているでしょう。今は液体の中に、グリースを入れるけれど、昔は松やに。自分で工夫するの。指導書を見たって書いてないから。で自分で工夫して分からなかったら、どこまでも聞きに行って。こんな大きなのができるの。教室ではせまいから校庭へ出てやるの。

促音の指導のことで、まだあった。学校のことを、一年生は、「がっこう」って書かないで、「がこう」と書く。読んでごらんと言うと〝がっこう〟と読む。でも、書くと「がこう」。そこで、こういう工夫があるの。こんなふうに教えたの。ごくっと飲み込む時の「っ」、飲まれちゃったから小さいんだよ。でんしゃのし「ゃ」。電車にひかれちゃったから、つぶれちゃったから「っ」。

それで二年目。教師として、まだ合格と言われないから、だからしょうがないから、二年生を持ち上げようと、それで同じ子を二年まで持ち上げてくださいと頼んだ。二年生の子どもの発想。「蒸発」なんて言葉について、「お天とうさまが飲んじゃうんだよ」。おもしろいでしょう。洗たく物を干すとパァっとかわくでしょう。お天とうさまが飲んでる飲んでる。だから物がかわくのはお天とうさまが飲んじゃうということなの。こんな考えを出して、子どもの発想は動くんだけれどもね。これ二年生。

それからもう一年持ち上がって三年生。この学年でレンズについて勉強していた時にも子どものおもしろい発想に出会いました。凸レンズで黒い紙を燃やすでしょう。あのころ子どもたちは喜んでやったの。柴崎孝君がすぐレンズで紙を燃やすの。そうしたら、修ちゃんいう子が「お前、お父さんに薬入れてもらったな」って。孝君の家は、お医者さんだから、「お前のこのレンズは薬が入っているから早く燃えるんだ」って。どういうのが早く燃え出すか？　なぜ燃え出すのだろうか？を考えている授業でのことです。これは、私が書いた授業記録に書いてあります。

斎藤喜博先生から、こういう授業について、それを全部、実践記録として書いてごらんと言われました。ある日呼ばれたの。いつまでもそれを書いてなかったからね。先生は、炉の端に座って、「実践記録を書いていますか」と聞きました。私が「えぇー」と言ったとたんに――。そのころ勤評闘争というのがあってね。三日も四日も学校へ行かないの。実践記録なんか書いていられる？そんな時に書いたりできないでしょう。だから「忙しくて」と言ったとたん「だから書くんでしょう」と斎藤先生に一喝されてしまいました。最後まで聞かないで何で分かるんでしょうね。「勤評」と言ったら、だから書くんだと。その後がもっとすごいの。「教育は政治を超えるものです」と。分かる？　「教育は政治を超えるもの」。分かんなかったねえ。やっと分かったのは60歳過ぎてから。どんなに「政治が悪い」って言ったって、子どもは変わらないんだよ。私たちが、子どもをしっかりと意識のある子を育てると、世の中変わっていくんだということを言っているのです。60歳過ぎてやっと分かった。教育は政治を変えるものだって、政治の上へいくものだって。若い人で分かったら偉い。

こんなことで、私なりに一生懸命やりました。

講話（Ⅱ）教材の選択と解釈

「科学的認識の指導」という文章は、「島小研究報告」に初めて書いた実践記録です。

昭和35、36年のころに学んだことは、「子どもの思考の発達は先人の辿った道を通る」ということでした。例えば「０（ゼロ）」の発見と使用。位取りの「０」の意味。これが不明確なうちは、子どもは「じゅうご」のことを「１０５」と書くんだということをきっちり教わりました。この時期は、さまざまな本を読み漁った時期でもありました。

ここでまた、島小のビデオを見ましょう（ビデオを見せる）。

（とび箱を飛ぶ様子）

（リズム表現）

ここでも命令は一つもない。音楽が流れるだけ。「音楽に合わせて動いてごらん」と言うだけ。

（島小分校のフオークダンス）

指導は、担任の指導。斎藤先生は見ていて、手入れする。体育では、ずいぶん程度の高いことをしたけれど、学校には、薬はマーキュロしかない。怪我をする子がいないの。（ビデオ中断）

この年に『島小の授業』という本を作ろうということになった。それで私は理科で「溶解」の授業を受け持ちました。この時に、斎藤先生は教材解釈の仕方について、「一般的解釈」、「専門的解釈」と「教師としての解釈」をやらないと、授業は成り立たないと、皆に教えてくれました。私も、教材解釈をやっている先輩にいろいろ聞きました。

今度は、授業のビデオを見ましょう（授業のビデオを見る）。

この女の子本気ですよね。一斉授業ばかりではない。私が感心したのは全員参加しているところです。赤坂里子さんの授業。音が出るとよかったね。これが秀姫ちゃんです。授業中みんなこうやって話し合っている。これ本校の方。金井栄子さんが算数をやっている。私のあこがれの先生です。今まで話したことが、私が島小の斎藤先生から学んだ教育の原点です。やっぱり、最初の10年というのは大事だなとつくづく思います。みなさんも、がんばってね。

次に教材選びの話をします。

谷川俊太郎さんの「かっぱ」。これ子ども喜ぶのよ。これは2年生でも6年生でも喜びます。あなた読んで。うまいね。次の人読んで。「やんま」もおもしろいのよ。おもしろいでしょう。子どもってうんと好きなの。「かっぱ」という言葉の解釈もするの。「かっぱらった」という言葉、子どもも知らないの。かっぱらったなんて言葉を知っている子どもは駄目なんだよ。「とってちってた」という意味は何？　ずらかって捨ててかくした。教室中ワイワイにぎやかになる。教護院で授業をした時には、「取ってずらかった」、と言う子がいました。音が出るラッパの音という子はすごく豊かな平和なクラスです。子どもがする言葉の解釈で、その子がどういう子かというのが分かる。だから、ラッパと言ったあなたは、平和な子。あとは読み方の指導なの。リズミカルな気持ちのよさを体験させてください。四拍子でウンパ、ウンパ、ウンパ、ウンパというふうに。そうすると廊下を歩きながらやっているよ。読ませてシールを貼ってやる。こうするともっと教えて教えてと、向こうから要求してくる。昔から言うでしょう。「水飲み場に馬を連れて行ったって、欲しくなければ飲まない」。子どもだって欲しくなければ飲まない。漢字をいくら教えたって、欲しくなければ覚えない。先生の責任よ。覚えたくなる子にするにはどうしたらいいか。詩を学びたくなるにはどうしたらよいか。いろんな作品を与えてください。

資料の一番最後のところを見てください。工藤直子の詩。この詩（「あいさつ」）の「げんき　ぴんぴん」のところだけ入れないで開けておくの。そして子どもたちに想像させながら入れていくの。「げんきだよ」とか、「げんきぼちぼち」とか入れていくの、クイズ形式ね。それから、「おれはかまきり」もおもしろいんだよ。〇〇さん読んでみて。〇〇さんやりたい顔をしているよ。（〇〇さん読む。）〇〇さん、もう教員実習終わっちゃった？「これからです」。じゃあやってみて。一番暴れん坊のところへ行って、「おれは　げんきだぜ」って。そうすると子どもは逃げるから、「こわい！」って。だからこれはおもしろいんだよ。安心して実習に行って。時に授業中に、子どもの前でこういうのをやると、子どもはおもしろがって聞く。発言してくれるようになる。子どもの心ほぐしにやってみるといいよ。

この「雲」（山村暮鳥）もおもしろい。おととい近くの学校でやったの。「どこまでゆくんだ　ずっと磐城平の方まで行くんか」　この発問がおもしろい。磐城平の方でなくてもいいじゃない。八王子の方へ行くでもいいし、水戸にいて、磐城平の方へ行くだっていいし、いろいろなことを言う。旅行に行った子とかね、磐城平って福島県でね。暮鳥さんて、福島に住んだことがあり、この詩を作った時は水戸なの、教会の牧師さんでね。友達がいるから、雲はいいなあ、磐城平の方まで行けて。「磐城平に友達がいる」「親がいる」と子どもたちは言う。だけど事実は違うんだよ。親でも友達でもないんです。何だと思う。６年生くらいになると、恋人と言う。それでね、４年生くらいになると異性に関心を持つから、当たり前と言ってやるの。女の子が男の子を好きになって何で悪い？　男の子が女の子を好きになって何で悪いって。あったり前よ。そうしたら安心するの。こそこそ、誰ちゃんと誰ちゃんが、などということは絶対言わなくなるの。

詩の中にも教師のいろいろなメッセージがあるからね。それでね、初めおもしろいのをやってだんだん、本格的な教材に入っていく。この前、「何が好きか」って手を上げさせたの。子どもって不思議なのよ。「おうい雲よ」に22人手を上げたの。この子たちはかなり詩が好きになっていてね。「おう　なつだぜ」ではなくてね。だから私は、子どもを見くびってはいけないと思いました。いつまでも「やんま」に留まっている年ではない。６年生はやっぱりほんとうのものに触れたいの、「やんま」が悪いわけではないけど。

（於・東京代々木オリンピックセンター・２０１６年９月17・18日）

三　私が「教師」となった時

川嶋とも申します。

〝た○き〟と黒板に書く。まじめな子どもはまともに入れますが、ふざけた子どもはぬと入れます。〝たぬき〟。正確には〝たまき〟です。冗談を言ってもいいけれど、それが過ぎると○○菌などと子どもの名前を呼んでしまう教師が出てきたりします。子どもを○○菌などと呼んではまずいですね。

万引きした子どもが私のところに相談に来ます。困ったことがあったら、先生に言えば何とかなるという気持ちにさせることが大事です。

教科書での学習も大事ですけれど、おもしろい教材を用意してあげることもすごく大事です。今日はいろいろな教材を持って来ました。

これは何だか分かりますか？　誰の足あとだと思います？　出まかせでいい。誰もいない？　さあ、誰か手を上げるまで待ちますよ。誰か一人くらい手を上げて。当たらなくたっていい。

まちがいはあって当たり前です。誰の足あとだと思います？　ヒント、プロ野球の選手。イチロー。ブー。松井、ブー。そう、王の足あと。ホームラン800本打った時にみんなに配ったものです。この足あとで世界一美しい場所があります。どこだと思いますか。それは土踏まずです。

素足になったことが少なく靴ばっかり履《は》いている現代人は土踏まずがない人が多い。土踏まずがない人は山登りの時などすぐに疲れてしまう。使わないと退化してしまうのです。

うしろの人、聞こえます？　聞こえたら手を上げてください。はい、ありがとう。それでねえ、もっとおもしろいのがあるの。チンパンジーの手です。人間と違う場所が一か所あります。使わないと退化した場所がある。さあ、どこでしょう。そう、親指が短いでしょう。何でかと言うと、木から木へ移る時、親指を出すと、次の木へ行きにくい。だから親指を使わない。使わないから発達しない。そこで子どもにこれを見せるの。頭使わないと退化しちゃうよと教えるわけです。

お掃除の時、箒木をちゃんと使わないと、こういう手になっちゃうよと言うと、箒木を持ってしっかりお掃除をするようになります。この話は道徳で使ってもいいです。

こういうのをいっぱい集めてやると、子どもは喜んで先生のあとをついてきます。

今日はそういう意味で私が教師になったばかりの時に、どういう教材を集めて、教師になっていったかをお話しします。私は昭和31年3月教育系の大学を卒業し、その4月に22歳で教師になりました。

初めて赴任した学校が有名な群馬県の島小学校でした。校長が斎藤喜博。大変民主的な学校で、教師が炉端に集まって、自分たちで何年を受け持つか決めるのです。珍しい学校でしょう。今そんな学校はないでしょう。

「あなた、一年生はどうですか」と言われました。私は学校の先生というのは、文字を教えるのだと思っていたのです。文字を教えたり九九を教えたり。一年生の教科書を見ると絵ばっかり。えっ、何を教えるんだろうと分からない。

私は文字を教えたり理屈を教えたりするのが教師だと思っていたから、絵から教えるなんて教師の仕事ではないと勘違いしていました。ですから一年生は教えられません。5年生なら教えられますと答えたのです。

そして結局決まったのが6年生でした。大変でした。

教師になって最初に困ったことの一つ。先生って呼ばれると誰のことを言っているのかなと。とても恥ずかしかった。それからやることが分からない。教室へ行って何をしていいのか分からない。席の決め方とか、掃除の仕方とか、時間割の作り方とか全く分からないのです。

それから話し方。50人を相手に話をするのはほんとうにむずかしい。ここで私があなた方に話す時、○○だ、○○よ（小さい声で）なんて話していたら誰も聞いてはくれない。どの子にも聞こえる話し方をしなくてはなりません。

声の出し方を練習してみますか。

はい、お腹に手をあて「あいうえお」胸に手をあて「あいうえお」。腹式呼吸ね。（学生全員でやる）私はこの練習を新任の6年生を受け持った4月にやりました。毎日子どもの前でこの練習をしました。

それから服装のことで困りました。ミニスカートをはいて学校に行き叱られました。きちんとした服装でないと、子どもに対して失礼だと。教壇に立った時はきちんとした服装をしないと。体育着のまま教壇に立ってはいけませんよと言われた。そういうことを最初に仕込まれました。

ある日、私が教室へ行くと半分くらいしか子どもがいない。男の子が外へ逃げてしまって女の子しかいない。教材研究して行ったって授業にならない。一生懸命教師として教えようと思っても駄目でした。悲しかったです。教師を辞めようと思いました。私は教師に向いていないのだと。

家に帰って親に言いました。「石の上にも三年。三年やって駄目なら辞めてもいい。十年やって一人前だ」と親に言われました。「教師になりたくてなったのに、そんなことで辞めるのだったら、何をやっても駄目だ」と言われて、私はがんばろうと決心したのです。

翌年教師生活2年目の4月の最初の日の職員会に、私の何が悪いのか、提案しようと。個人的な問題を公のところへ出すのは気がひけました。職員会が終わるのを待っていて提案しました。教えてください、私の何が足りないのかと。

「業に入れば業に従え、田舎の学校だから田舎の学校に従え」「気どっている」と言われました。それでことばをなおしたり服装に気をつけました。しかし授業はうまくいかない。どんなに冗談を言ったって、子どもに近づいたって、放課後子どもにお菓子を買って上げたって、ジュースを飲ませたって駄目。子どもたちは教師を信用しない。そこで子どもが一番要求しているものは授業だということに気づきました。授業が全てだとその時、思いました。教師2年目よ、早く気づいたでしょう。それでどうしたと思います？

悩んだ挙句、一年生の担任になろうと決心しました。何故か。一年生は子どもが悪いんじゃあないですよ。先生絶対信頼だから。だから真っ白の子どもを受け持って悪かったら私の責任。斎藤喜博先生はいつも「子どもが悪いのではありません」と言っていました。自分を見つめるために一年生を受け持ったのです。気どっているとか、こどばに気をつけるとか、業に入れば業に従えということを大事にしました。

授業をしっかりやりたい。そのためには他の先生の世話になるのだ。私のできることからやろう。そこで決心したことは、毎日学校に一番に行って先生方のお茶を入れました。それからトイレ掃除は子どもがやったのですがそれを私が全部やる。朝掃除して放課後もやって帰りました。それをやるから授業を教えてくださいと。もう大喜びでみなさん教えてくださいました。

ところが授業はなかなかうまくなるものではない。それで何したかと言ったらね、まず教具を作りました。抽象的な説明は駄目だから、具体的な教具で子どもたちの感心をとりました。一年生はとても小さいサイコロで一人ずつやっていました。何とか教室を一つの集団にしたい。

そこで大きなダンボールに紙を貼ってそれに数字を書いてサイコロを作りました。子どもを赤組青組に分けて教室中にこのサイコロをころがしました。子どもたちは思わず、ハアーと立ち上がって見るわけです。その時、初めて斎藤先生にほめられました。「よく工夫しましたね。子どもが人形劇の人形のように顔を上げとても美しかったです」と。ほめられたことをいいことに、毎日教具を考えました。しゃぼん玉。普通の小さなしゃぼん玉ではしょうがないでしょう。

教具で子どもをびっくりさせる大きなしゃぼん玉を作って。子どもは理屈なしで大喜びです。理科室にロートがあるでしょう。それを使うのね。液には石けん水に松やにかグリースや（薬局にある）を使います。

もう一つは飲み込む㋡です。「学校」を子どもたちは「がこう」と書きます。「がっこう」と言ってごらん。飲み込まないと「がっこう」にならないよ」と。

そんなことでいい気になっていたの。斎藤先生の雷がまた落ちました。教具だけでつっていたのでは子どもの頭はよくならない。きちっと㋡を教えるような授業でなくては駄目だ」と。

そして一年生を二年生に持ち上げました。ここで私が学んだことは「授業とは子どもの考えを引き出しながら、一つの文化遺産を獲得することである」という斎藤先生のことばでした。

そこで子どものことばを大事にしようと思ったのです。例えば二年生の理科で蒸発は「お天とうさまが飲んじゃうんだよ」と言う子どものことばをとらえました。二年生のレンズで、黒い紙は燃え出すというところがあります。黒崎君という、お医者さんの息子が黒い紙にレンズをあてたら一番早く燃え出したのです。するとある子どもが、「レンズの中に薬が入っている」と言う。そうい

う子どものことばをみんな取り上げて、薬ではなくて光の現象だということを教えました。（実践記録に書きました）

この頃、「勤評闘争」というのがあって、２か月も３か月もストライキを行っていました。徹夜で闘っていて学校へ行けません。実践記録を書かなくてはいけませんでしたが、書く気分ではありませんでした。闘争が一段落して学校に行ったら、待っていたかのように斎藤先生が、「実践記録書けましたか」と聞かれました。「勤評闘争で――」と言いかけたとたん、「教育は政治を超えるものです」と斎藤先生の雷が落ちました。勤評闘争にかこつけて何故書かない、「教育は政治を超えるものです」と。その時は何のことかさっぱり分かりませんでしたが、今は分かります。悔しかったので一晩で30枚書いて翌日、斎藤先生のところへ持って行きました。

昭和35年から36年になると、子どもの思考は先人の思考をなぞるということが問題になりました。一年生で15を105と書く子どもがいます。それをどうしたら15と書けるようになるか、位どりの問題を考えました。

柿が15こなっています

何このこっているでしょう

15－8

どうやりますか

10－8＝2　5＋2＝7　A．7こ

（学生がやってみる）

他にない？　今の教育はこれだけです。減加法と言います。引いて加える減加法です。教科書は全部減加法です。

減減法

8－5＝3

10－3＝7

A. 7こ

は、いませんか？（一人もいない）ひき算のもとはこの方法が先なのです。

何故か。5歳6歳のまだひき算の方法を教わっていない子どもはみんなこの方法でやります。どうしてか。そこまで教師は頭を働かせないと授業にはなりません。必ずクラスにこのように考える子どもがいます。どうしてこのような考え方をするか話しますね。1 2 3 4 5 6 7 8 9 10大体お菓子とか10個のかたまりになっています。

友達に8こやる時に子どもはバラの5こをやってあと10のかたまりから3こやります。10のかたまりから8こやる子どもは少ないです。

これがひき算の起源なのです。

私の孫も一年生の時、学校で減加法を教わりましたが、使いません。「俺はこれでやる」と言って減減法を使っていました。それでもテストは100点です。二年生になって電車のキップを買うようになりました。その時に減加法を理解しました。

先生の言ったことをそのままやればいいのではなく、自分の考えを持った子どもを大事にしたいですね。

今度はことばの指導について考えてみましょう。谷川俊太郎の「かっぱ」です。読んでみましょう。（全員読む）

右も左も分からなくて、一生懸命教材を探してきて教師生活60年。よく教材を探すことをしてきました。

次は作者のあてっこをしてみましょう。

題、さんぽ　○大村ぶんえもん

　○へびいちのすけ

　○とかげりょういち

板書

さんぽをしながら

ぼくはしっぽによびかける

「おおい元気かあ」

するとむこうのくさむらから
しっぽが□□□□
へんじをする

□のところは何が入ります?
〝もりもり〟と入れる子どもがいます〝ピンピン〟と学生言う。モリモリの人もいる。

作者は〝ぴんぴん〟を選んでいます。〝もりもり〟ではおかしい。やはり〝ぴんぴん〟ですね。

ではみんなで読んでみましょう。次一人で読んでみる。

こうやってクラスづくりをしていったら授業の中で子どもは満足します。学校生活に満足していれば、子どもはいじめなどしません。授業がつまらなかったり何か不満があったりすると子どもは荒れます。

※この大教室での講義のあと、引きつづき高井良健一先生ゼミへ直行。90分ピタリ話したあと、「春」のビデオを観せながら、子どもたちのことを説明する。

(於・東京経済大学・2016年12月7日)

十	九	八	七	六	五	四	三	二	一	漢字テスト
										／
										年
										組
										番
										名前

ことば調べ ／ 年 組 番 名前	P							
	ことば							
	よそう							
	じしょ							
	結果							

わからない言葉調べ

年　名前（　　　　　　　　）

P						
1						
わからない言葉						
自分の考え						
他人と						
辞書						
結果						

音読カード（　　　）月

年　　組　名前（　　　　　　　　　　　）

とてもよい・・・◎　　ふつう・・・○　　がんばれ、もう少し・・・△

月／日	題名（だいめい）	自分	家の人	先生のサイン

第Ⅲ部　授業

一　俳句の授業　5年

名月や　池をめぐりて　夜もすがら　芭蕉

川嶋：これから、国語の勉強をします。
生徒：これから5時間目の学習をはじめます。
生徒全員：お願いします。
川嶋：はい。お願いします。今日は、何の勉強をするの？
生徒：俳句。
川嶋：この人みたいに机を整理して。
生徒：誰？
川嶋：ちゃんと整理して。大丈夫？　ちゃんと整理した？　こんにちは。
生徒：こんにちは。
川嶋：一つだけお願いします。座ったままでしゃべるのをやめてください。今日の勉強は俳句ですね。俳句、誰か知ってる人はいますか？
生徒：五七五。
川嶋：知っている俳句で何かありますか？
生徒：ええとね、鳴かぬなら　鳴くまで待とう　ほととぎす
川嶋：よく知ってるね。偉い。あと何？　いろいろ俳句あるけれど。
今日やる俳句は、作者松尾芭蕉。
生徒：聞いたことがある。
川嶋：聞いたことがあるね。それで芭蕉の句を今、黒板に書きます。（先生は黒板に句を書く）作者はこういう字書くのよ。作者、芭蕉。読める？
生徒：ナスピア。名月や。
川嶋：偉い、偉い。だけど、口にすぐ出しちゃ駄目だよ。考えからでしょう。心で一回読んでごらん。そしたら、読める人、読んでね、積極的に手を上げる人？
生徒：はい。
川嶋：私は手を上げない人を指すのが趣味だからね。
生徒：え？
川嶋：手を上げない？　はい、読んでくれる人？
生徒：はーい。

川嶋：まあ、いいや、読みたくない人に無理やりに読ませるのは可哀想だからね。じゃあ、読んでごらん。
生徒：名月や　池をめぐりて　夜もすがら　芭蕉
川嶋：名月や　池をめぐりて　夜もすがら　はい、読んごらん。
生徒：名月や　池をめぐりて　夜もすがら
川嶋：みなさん、数えよう。
生徒：五七五。
川嶋：これは勉強の仕方ね。今、何って言った？　国語の勉強は一番は読みね。読めなきゃ始まらない。あなた、読んでごらん。
生徒：名月や　池をめぐりて　夜もすがら
川嶋：そう。あなた、他の人を指してごらん。
生徒：はい。
川嶋：考えないで、指しなさい。
生徒：名月や　池をめぐりて　夜もすがら
川嶋：そう、もう一人くらい指しなさい。
生徒：はい。名月や　池をめぐりて　夜もすがら
川嶋：みんなで読んでごらん。どうぞ。

生徒：名月や　池をめぐりて　夜もすがら

川嶋：ただ読むだけで内容なんかいらないよ。ただ読めればいい。名月や　池をめぐりて　夜もすがら　12345、1234567、12345、これ日本のね、典型の詩です。五七五。これが俳句。一番短い詩です。一番短い詞、五七五ね。読みができましたね。読みができてから、次、何をやるの？　国語の勉強にとってね。読むでしょう。読みができたら、何をやるの？　書くの？

生徒：知らない。

川嶋：読みができたら。

生徒：覚える。

川嶋：言葉。言葉は分からなければ、内容は分からない。内容はあと。まず言葉。そうでしょう。ペンシル頂戴。

生徒：え？

川嶋：ペンシルって鉛筆。言葉が分からなきゃ、全然動きが取れないから、まず、言葉を知ろうよ。この中で分からないことがあるかなあ。分からない言葉を整理してね。内容じゃないよ。言葉だよ。言葉。あるはずだよ。分からない言葉。いい？　分からない言葉をなくしたほうがいいわね。あなたがたは名月に線を引いてくれたの、黄色に書くね。名月が分からない。夜もすがら。これが分からない。ほかに何？　全部分かる？　これ指してくれる人いない？　あとの人は分かるんだね。ならこの人に意味聞くよ。いいかい？　あら、〝めぐり〟てが分からない。〝めぐり〟て何？　私が話すよ。3つあったよ。これは〝めぐり〟だけど、もとの言葉は〝めぐる〟ね。3つが出た。これが1番。これが2番、3番。分からない言葉が3つ出たよ。このあとどうする？　3つ出たけど。

生徒：調べる。

川嶋：3番目。見つかったよ。この言葉を分かるために、3番目に何をするの？

生徒：調べる。

川嶋：まず、辞書を使わない。自分の頭で想像するの。名月って何？　分からなくていい。まず、自分の頭で名月って何だろう。月に関連するだろう、想像できる人いない？　少し落ち着きなさい。名月って何？

生徒：月の名前？

生徒：ええと、めずらしい月。

川嶋：はい。座っていい。どうぞ。分からない？　あなたは？

生徒：有名な月。

川嶋：有名な月って何？

生徒：満月。

川嶋：辞書があるけど、時間がなかったら、辞書を調べなくてもいいから、ね。名月ってね、有名な月。名月って十五夜。十五日の月なの。十五日の月でも、いろいろ一年のうち何回もあるけど、真ん丸の月。
川嶋：先生、何月の月でした？
先生一人：10月？
川嶋：10月？　どっち？　今想像したでしょう。想像して10月かな？　9月かな。分からなかったら辞書で調べよう。調べてごらん。はい。途中でもいいから、辞書を閉じなさい。この人が一番早い。何月？　8月？　ほんとう？
生徒：8月13日。
川嶋：立派な先生がいますから、教えてください。どうぞ。
先生一人：旧暦の8月。
川嶋：新暦では？
先生一人：9月。
川嶋：やっぱり知ってるよね。なんで9月かというと、空気が一番澄んで、お月様が一番きれいに見える月なの。だから、秋の9月の15日は十五夜と言ってみんなでお月様を見てるの。だから、名月や　9月の15日、きれいな満月ですよ。その日に池をめぐったの。想像、想像できた人？めぐるって何？　こっちおいで、いらっしゃい。じゃ、私が池。池の周りをめぐって。めぐって。この人がめぐるよ。

生徒：ハハハ……。

川嶋：私が池。池の周りをめぐって、どうぞ。

生徒：ハハハハハハ……。

川嶋：これはめぐるんですね。あなたたちの先生いい先生ね。ちゃんと色までを用意してくれた。池があるよ。聞いてね。この池の周りをこう回るのもめぐるです。もう一つ池は一個じゃなくて、ここに回って、ここに回って、ここに回って、ここの池のところ。ここの池来ていいね。ここの池たいしたことじゃないね。だからこの場合はこっちじゃない。これじゃないよ。その作者の芭蕉が回ったのはこっち。あそこまでできたよ。池の周りを回りました。きれいなお月様が出てます。夜もすがら。夜が飛んで過ぎちゃうのかしらね。

生徒：姿を現す。

川嶋：夜の姿？　夜の姿。何だろう。ほんとうに辞書で調べたよ。○○先生、夜もすがらを教えて、絶対に知ってるから、知らないはずないでしょう。

先生一人：一晩中。

川嶋：やっぱり先生だね。一晩中。先生教えてくれたんだよ。一晩中。聞くよ。はい、君。夜もすがらって何？

生徒：何？

川嶋：分からなかったら、分かりませんって。

川嶋：夜もすがらって何？
生徒：一晩中。
川嶋：一晩中ね。夜もすがらって何？
生徒：一晩中。
川嶋：夜もすがらって何？
生徒：一晩中。
川嶋：めぐりって何？
生徒：回る。
川嶋：偉い偉い。回るだよね。名月って何？　満月ね。９月、真ん丸のお月様が出てきましたよ。だから私は池の周りを一晩中回りました。もう一回言うよ。私が言ったら言ってもらうからね。聞いてるんだよ。
生徒：はい。
川嶋：きれいな満月が出てきました。あんまりきれいだから一晩中池の周りを回ってました。それだけだ。言ってごらん、言ってごらん。
生徒：満月きれい……。
川嶋：ほかの人言ってごらん。月が出てきました。あまりきれいなので。
生徒：一晩中池の周りを回りました。

川嶋：誰だって言えるよ。誰指すかな。はい、あなた。
生徒：……。
川嶋：月が出ていて。
生徒：あんまりきれいだから、一晩中、池を回りました。
川嶋：あと何を勉強するの？　ここから勉強、あと何をするの？　3番、言葉しらべ。こういう条件で作者はこんなことしたんだな。名月や、のやは？
生徒：満月。
川嶋：だって何だろう。こっちおいで、いらっしゃい。や。
生徒：や。
川嶋：まず辞書を使わないで、想像してみるんだよ。や、名月や、むずかしいね、私も分からない。
生徒：あ。
川嶋：何という名前？
生徒：真里。
川嶋：むさしやって呼ばない？　むさしや、呼び掛けるんじゃん。
生徒：三月や。
川嶋：ほら、辞書を引いてごらん。
生徒：ややややや。あった。あった。

川嶋：簡単に「や」はこういう意味とこういう意味。この人とこの人が一番早い。

生徒：……。

川嶋：分からなかったら友達と1からやっていいから、(先生は黒板に字を書いている)。こっちに書いてあげるね。

生徒：ちっちゃ、ちっちゃい。

川嶋：あ、なるほど。並べて使うべきだ。そうそうそう。はい、ありがとう。いっぱい出てくるね。はい、ありがとう、書けた人おいといて？　黒板いい？　書けたら辞書を閉じて脇に置いといて、黒板を見てくださいね。今、やったのは一人ひとりの勉強。どれが正しいか考える勉強。考える時は一人ぼっちにしちゃうと駄目だよ。みんなで考えてね。で、今、勉強してるのはこの「や」だよ。並べていう時使うんだって。並べてどういう意味か分かるんだね。鉛筆や、辞書や、消しゴムや、いろんなものを出してくださいというやつなの。並べるよ。辞書や、鉛筆や。

生徒：ハハハ。

川嶋：消しゴムや、並べていく時に使うね。分かったね。これは作者よ。並べてんだよ。今度これだよ。これ一番、2番、誘ったり、呼びかけたりする時に使う。こっちを使った人はいない？

生徒：いない。

川嶋：可愛がってる、自分のうちの猫。猫や、おいで。猫や、おいで。呼びかけるの。何ていう名前？　聞いてる。私はゆうまさんのおかあさん。ゆうまや、おいで。

生徒：ハハハ。
川嶋：ね。分かった？　ほら、意味を強める時に使います。意味を強める時、使うんだって。すごい感動しちゃって。名月や、きれいだね！　感動して、言葉をとても強めて、名月や、これ、強めるって書いてるけど。ある意味では、これをもっと広げて言うと、もうすっごい感動してかもしれない。感動して、名月や、という気持ちもある。こういう使い方が3番、どっちだろう。1番かね、2番かね。3番かね。
生徒：3番。
川嶋：手を上げよう。聞くよ。1番の人？　いないよ。2番の人？　2割よ。3番、すごい感動してる人？　全員。あなたたち、絶対にこちらなんだね。
生徒：はい。
川嶋：私はこれ。これ、川嶋先生。あなたたちはこっち。勝負はどっちだろう。3つ4つ出てくるのはあやしいなあ。こっちとこっちは？　意味を強めるのか。誘うのか。呼びかけるのか。名月や、池の周りを回ってるね。いいね。名月や、きれいだね。だから、私は池を回るよ。こっちが芭蕉さんが回ってんだ。芭蕉さんがあんまりきれいなんで感動して、芭蕉さんが一晩中回りました。これがあなた方が言う、どれ？　3番。芭蕉さんが回ってるのね、一晩中ね。私は芭蕉さんじゃなくて月が一晩中、ずっと回ったの。芭蕉さんはここで見てね。月がきれいで、一晩中池の周りを回ってる。私はこっち。どちら？　芭蕉さんは寝ないでずっと回ってきたんだね。あんまり月がきれい、この辺にいるよ。どっちだろう。
生徒：２番。３番。
川嶋：もう一度聞こう。芭蕉さんは、名月があんまりきれいなので――、私は一晩中、池の周りを回って名月を見てるのだよ。
生徒：変わった。
川嶋：私は、名月さん、感動じゃない、名月さん、一晩中、池の周りを回ってるんですね。呼びかけなんだ。私は。どっち？
生徒：２番。３番。
川嶋：感動して、一晩中、芭蕉さんが回ってたのか、月が回ってたのか？　どっち？
生徒：月が回った。
川嶋：２の人？
生徒：はい。
川嶋：３の人？
生徒：はい。
川嶋：偉い。この人偉いよ。ほんとうの理由を言ってよ。あなた理由を言って、３になった理由。
生徒：月はきれい。夜だけで一晩中回るだと思う。同じ！　同じです！
川嶋：同じ人？

川嶋：違うことを言ってんじゃないの？　これに反対のあなた何？　もう一回言って。
生徒：ええと、私は太陽が沈んで月が来るから、太陽が上がる前に、月は一周できない。
川嶋：もう一度説明して。
生徒：ハハハ。
生徒：むずいんだよ。
川嶋：こちらが東、こっちが西。
生徒：逆。
川嶋：あ？　面倒くさいよね。
生徒：ハハハ。
川嶋：私は東西分からないからごめんね。はい、どうぞ。
川嶋：月が？
生徒：月が、こうして回って、
生徒：逆、東西分かる人、私は分からない。
川嶋：東から出て、
生徒：月、こういく、そして、太陽が……。
川嶋：ああ、なるほど。
生徒：つまり、沈んで、また来るだから、月は一周できない。その前に、太陽が出て来るから。

生徒：違う。むずかしい。
生徒：月が、東から西に向かって回っていて、で、月が沈んだら、太陽が出ていて、西かた東に向けて行くから、東から。
川嶋：分かった。あなたが言ってることは月は一晩中東から西へ行って。そういうことなんだ。こっちから出て。東から出て西へ沈んで行くのが月だから、月が池の周りを回ってるんじゃない。芭蕉が回ってる。なるほど。納得。私は負けか。
生徒：違う。
川嶋：違う？　言って。
生徒：えっとね。そんなにずっとずっと回ってたら眩暈しそうだし。
川嶋：そんなにぐるぐる回るのではないよ。
生徒：意味的に、一周でもいいから、半周でもいいから、眩暈い。
川嶋：だから、この作者の芭蕉さんは、月がきれいで、あんまり月がきれいで、たぶん少し寝て、でも夜もすがら、作者は一晩中、池の周りを回りながら、月を見ていたんだろうね。一晩中ね。だから、ここ戻りよ。あまりにもお月様がきれいだから、芭蕉さんは一晩中、池の周りを回りましたよ。こういう意味だろうね。そしたら、あなたたちの言ってた、この「や」は、きれいだね。感動したかもしれないね。きれい。名月や、きれいだなあ。だから、私は一晩中池の周りを回っていたんだ。感動だろうね。でも、私はこっち。私はこっち。だっていいじゃない？　お月さんや、池の周りを、一晩中、回ってるね。それ、駄目？
生徒：いい。
川嶋：○○先生はどっちに考える？　ちょっと子どもたちに説明してあげて。いいから先生が恥ずかしがったら、子どもたちも恥ずかしがるよ。
生徒：ハハハ。
川嶋：○○先生の考えだよ。
先生Ａ：私は感動です。
川嶋：子どもと同じ？
先生Ａ：はい。
川嶋：そういう場合ね、理由あって聞くの。
生徒：理由は？
先生Ａ：ないんです。
川嶋：あのね、私はどうしても呼びかけなんだよ。お月さん、きれいだから一晩中回りました。そしたらね、大学の先生と一緒にこれを考えたの。大学の先生はやっぱりね、あなたたちと同じなの。感動なの。あんまりきれいだから、回ってきたの。ほんとうは何なのって。大学の先生だから、図書館で全部調べたんだから。全部あなたたちのほうが勝ち。感動なの。でも、まだ私は呼びかけなの。悔しいからね。高校試験にこの問題が出る可能性があるの。どっちが正しいか○つけなさいって。川嶋先生こっちにつけて×になっちゃった。やっぱりね。高校の試験にこっちにつけると駄目なんだって。それで、芭蕉さんは生きてないから、聞きに行くわけにいかないわ。もう死んちゃったんだから、江戸時代の人。だから、結局図書館で調べるしかない。図書館で調べたら、絶対にあなたたちが言ったような感動なの。だから、今日の勉強は、あなたたちが勝ちなの。感動して、それで芭蕉さんは一晩中池の周りを回っていたの。あなた方が勝ち。もうひとつの理由があったよ。私の負けの理由が。それが見つかったら偉い。教えないよ。知りたい？

生徒：知りたい。

川嶋：一晩中、月を見てごらん。月がぐるぐるぐるぐるとなんて回らないよ。月が東から出て来てね、明け方ずっと西へ沈んでしまうよって。池の周りを回ってないよって。だから、月じゃないよ。先生。これが芭蕉だよ。沖縄の子が教えてくれた。東京の子がまたね。先生、月がね、ほんとうの月じゃなくて、池の周りをぐるぐる、池に映って回るんだからと、また言われちゃったの。でも、私は芭蕉さんが見てるのは池じゃないと思う。ほんとうの月だったの。池に映す月を見てるのは面白くないからね。

生徒：ハハハ。

川嶋：そして、ほんとうの月だったら昼、夜、夕方と東から、月が、十五夜。今度見てごらん、十五夜の月は東から出て、夜遅くなって西に沈むから。私たちは一晩中起きるのは駄目だから、大人になったらいいけど。西に沈むからね。だから、あなたたちが言ったのは正しいよ。だから、結局回ったのは月じゃなくて、誰？
生徒：芭蕉。
川嶋：芭蕉が回っていたの。そして、ある学校の子どもが芭蕉さんはおかしい人ね、月を見て一晩中起きてるね、変な人だって。私なら眠っちゃうよ。
川嶋：3番、4番。ごめんね。4番があるの。4番は朗読。その気持ちで読むの。読んでごらん、ほら、読んでごらん。月を見てる気持ちで。恥ずかしい？　誰か読めない？　どうぞ。
生徒：名月や　池をめぐりて　夜もすがら
川嶋：まったく感動がこない。名月や
生徒：名月や　池をめぐりて　夜もすがら
川嶋：あなた読んでごらん。どうぞ。
生徒：名月や　池をめぐりて　夜もすがら
川嶋：名月や
生徒：名月や
川嶋：池をめぐりて
生徒：池をめぐりて　夜もすがら
川嶋：消してあげるぞ。覚えてよ。はい、言ってごらん。
生徒：名月や

川嶋：池をめぐりて
生徒：池をめぐりて　夜もすがら。誰かを指すから、はい、言ってごらん。
生徒：名月や、池をめぐりて、夜もすがら
川嶋：消すよ。
生徒：どうぞ。
川嶋：消すよ。
生徒：どうぞ。俺読めるよ。
川嶋：言ってごらん。
生徒：名月や　池をめぐりて　夜もすがら
川嶋：まあね。言ってごらん。
生徒：名月や　池をめぐりて　夜もすがら
川嶋：そう。俳句っていうのは、一生忘れちゃ駄目よ。言えない人？
生徒：はい。
川嶋：じゃあ、君を指さないよ。
川嶋：言えるけど言うのが嫌な人？　言って。
生徒：名月や　池をめぐりて　夜もすがら
川嶋：そう。皆で一緒にどうぞ。

生徒：名月や　池をめぐりて　夜もすがら
川嶋：作者は？
生徒：芭蕉。
川嶋：最後にまとめる勉強の方法。読み、言葉しらべ、内容追究、朗読、分かった？　消すよ。言ってよ。
生徒：分からないです。
川嶋：はい。
生徒：言葉、内容、朗読。
川嶋：これが勉強の方法ね。おもしろいね。もっと芭蕉のこと、知りたいね。古池や。
生徒：古池や？
川嶋：何だって。
生徒：古池や。
川嶋：静けさや。静けさや？　知らないの？　先生知ってる？　知ってるって。
先生A：静けさや　岩にしみいる　蟬の声
川嶋：やっぱり先生は違うね。岩にしみいる　蟬の声。今度、図書室に行って、芭蕉の作品を調べてごらん。ね。おもしろいよ。はい、おしまい。聞きたいことはある？　何？　何でもいいから。はい、真ん中の人。

生徒：あの、俳句って簡単に言えば どれくらいあるんですか。
川嶋：どれくらいある？
生徒：簡単に言って。
川嶋：あなたたち俳句作れるよ。私は小学校5年の時作ったよ。
生徒：え？
川嶋：聞きたい？
生徒：はい聞きたいです。
川嶋：ほんとうに勉強が好きな子ね。びっくりした。雨垂れに 首筋ぬらす さむさから重いでしょう。優勝しちゃったよ。短歌も作ったよ。これは学校の注目黒板に貼り出されたまま、聞きたい？
生徒：聞きたい。
川嶋：あなたたち勉強が好きだね。
先生：川嶋先生、残念ですけど、そろそろ時間です。
川嶋：おしまいね。
先生：はい、お願いします。
川嶋：残念だけど、また来るね。
生徒：はい。5時間目の学習は終わります。ありがとうございました。

（於・沖縄・宜野湾小学校・稲福景子学級・2016年）

二　算数の授業　3年

――学習の目標　式をたてる――

川嶋：はい、じゃあ、日直さんはじめましょうね。
生徒：規律。お願いします。お願いします。
川嶋：いい子だね。はい、はじめます。さあ、自分はどういう方法でやったか。自分のを見ながら頭に入れて、もう一回復習して、えらいね。忘れた人一人もいないんだね。みんな持ってるね。さあ、誰のからやろうかね。はい、じゃあ私のほうを見てください。まず1番に問題をよく読む。ね、問題をよく読むんですよ（2番に図にする）。これが図ね。

板書
問題
色板は何枚ありますか。

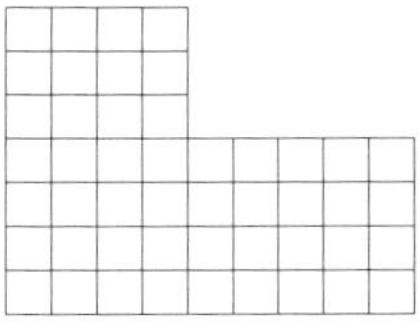

問題を解く順番

1、問題を読む

2、図

3、式

4、計算

5、答

この問題を解くには、

①たてわり　7×4＋4×5

②よこわり　4×3＋4×9

③引く　7×9－5×3

④12×4

の4とおりがあることをふまえておいた上で子どもはどう考えるかを授業する。

川嶋：あなたがたにも図があるね。でも図のない文章題もあるね。その時は頭でちゃんと図を書くのね。これはもう親切に図が書いてある。３番は式。４番は計算。暗算でできるのもあるけれど計算しなきゃできないものもあるね。そして５番が答えです。それでこの問題の場合にはもう読みはこの前やったね。もう図は書いてあるね。答えは出たね。何枚できたっけ。

生徒：48枚。

川嶋：そう、この場合はもう数えればできちゃうから。答えは出るのね、48枚。だから、大事なのは式。計算は九九ですぐ一桁だからできちゃうけれどね。今日はここが大事です。式をたててその式のどういう意味があるのか。それを今日の学習の勉強の目標がこれです。式をたててその意味を考える。ね、これが今日の目標、目当てですよ。さあ、その式を思い出してくださいね。式をたてる。どういう式ができたかな。式を発表したい人いない？（自分の式を書く。０×12×４）じゃあ、発表したい人は姿勢よくしてみて。じゃあ、発表するの嫌だなって思う人は、こうやってて（机に顔をふせる）いいよ。その代わりその人指すからね。まずあなたがさっき手を上げたからあなたから発表して。できる？　みなさんに説明できる？　そーっとこっちへ出て来て。

1、図

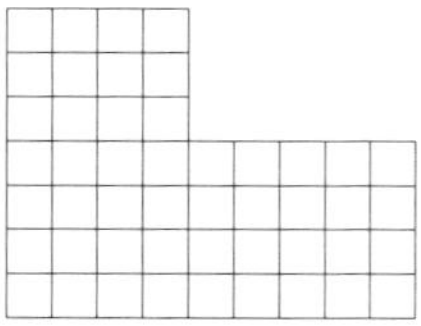

2、計算

（自分の式を書く
ex. 12×4）

3、答

座って座って。そ、こっちもあいてるからあいてるところへ来なさい。(子ども全員発表者のまわりに集まる)。後ろの人立っててもいいから、お話聞ける姿勢をして。はい、いくよ。よーく耳を済まして。頭を使って聞くの。はい、あなた(聞いていない子に注意する)。

生徒：発表していいですか。

川嶋：いいです。

生徒：私の考えを発表します。まずここの縦に数えたら7つあります。

川嶋：1、2、3、4……7書いていい? はい、7枚あります。

生徒：7つあります。7この縦にあるかたまりが7つ。式にしてみると7×4＝28になります。

川嶋：この式ね。ここに7枚が、7枚のかたまりが4こあるってことね。そこまで分かる? 7枚のかたまりが4こある。28こになるか数えてごらん。ほんとに28こになるか。

生徒：1、2、3、4、5、6、7、8、9、10、11、12、13、14、15、16、17、18、19、20、21、22、23、24、25、26、27、28。

川嶋：あるね。じゃあ、次。ふざける人は席に戻って(聞いていない子に注意する)。大事なところをふざけたら覚えられないよ。はい、じゃ君に言うよ。ここの28こはこの式で言えばどこだ。ほら、聞いてなきゃ分からない。ほんとは頭がいいのに、話を聞いてないから勉強でおいて行かれるの。絶対聞いてなきゃ駄目だよ。ここの28こは、これで言えばどこの式だ。指せる人。指せない人。(反復し確かめをする)。はい、君。指してらっしゃい。これか、これの、どっちだ。

生徒：えー。

川嶋：手を上げる必要ない。手を下ろしなさい。私が説明します。いい？　分からないから学校来て勉強してるんだよ。それをいい気になってふざけてたら絶対覚えられないよ。７このかたまりが４こありますって言ったら、これは、この式かこの式か。どっちだか手を上げてください。はい、こっちだと思う人。こっちだと思う人。当たり（全員が納得する）。次の説明いくよ。聞いてなさい。また指すからね。はいどうぞ。

生徒：次は、ここの、紙を、一つずつ数えると20こあります。で、７×４の答え28と20をたします。式にしてみると28たす20なので答えは48になります。

川嶋：拍手いらない。聞くのよ（子どもが拍手すると集中がとだえる）。この28は、この式のどこだか分かる人。この28はどこ、どれ？　この式のこれはどれ？　はい、君指してきて。私はそう言わなかったね。これは図だよ。この式のどれだ。式だよ。こっちは式じゃない図だよ。そうそうそう、こっちが式。この20が。図で言えばどれだ。さあ、今聞いてなかった人、もう一回言うよ。（すべての子どもが理解するまで確かめる）こだわっちゃ駄目。図で言えばこの28は、この図で言えばどこだ。はい、どうぞ。そう、これですね。色をぬるよ。これと、これと、これは、みんな同じ28ね（図右に移る）。この20はどこだか、この図で言えばどこだ。手が上がんない人は誰だな。みんな分かるはず。この20はこの図で言えばどこだ。はいどうぞ。指して。そんなとこで、指しかたが曖昧だね。ここじゃないよね。ここ？　もっとよく指して。ここ全部？

生徒：ここ全部です。

川嶋：そうに言うのよ。ところがこの人は一つずつ数えたって。ほら、1、2、3、4、5、6、7、8、9、10、11、12、13、14、15、16、17、18、19、20、20、一つずつ数える。もっと、三年生らしい方法がないか。

生徒：ある、あります。

川嶋：もう一回聞くよ。1、2、3、4人しか数えなくても3年生らしい式が書ける人。手を上げない人指すよ。手を上げない人指すよ。手を上げない人指すよ（全員が考え出すまで待つ）。はい君、はい。式に書いてごらん。この20をだす式を。ここに20枚ありますよって言う。数えるんじゃなくて式を書いて、式。見てなさい。よそ見なんかしてないのほら。お、えらい。（子ども式を書く）。

5×4

4×5

生徒：同じ。

川嶋：このどっちでもいいですけど、こっちは5のかたまりが4こあります。5×4。こっちは4のかたまりが5こあります。4×5。もう一回言いますよ。ほら、もう一回言うよ。こっちは5

のかたまりが4あります。こっちは4のかたまりが5あります。このどっちを使ってもいいですね。そうすると、これともう一つ式がないと……前に出た図左の7×4。7のかたまりが4。ここへ書いてみて。あなたがた頭いいね。そう、聞いてなさい。私がもう一回言うから聞いてるのよ。7のかたまりが4こあってもいいし、4のかたまりが7こってやってもいいね。4×7。さ、次のこと聞くよ。みんな私のほうへ集中して。（一人集中してない人がいる）。いい、みんな集中してね。いいかい、大事なことを言うよ。ここで切って、ここで切って、たした人。もう一回言うよ（図と式のつなげを確認）。ここで切って、こっちを出して、ここと出して、こっちを出して、ここで切ってこれと同じように出した人、手を上げてごらん。いない？　いる？　持って来て。見てやる、ほんとにそうだか。ほんとだ、ほら、ほら、同じだよ。5×4、7×3でたしてる。はい、これとこの二人は親戚。はい、あなた立ってごらん。はい、この人立ってごらん。この二人は頭の中が親戚。じゃ、その人持って来て。ほんとに親戚か。あなたちゃんと見てなさい。ほんとに親戚か。親戚ですか。（全員の子どもに確認し合ってどの子も参加できるようにしている）。

生徒：違う。

川嶋：え？

生徒：違うよ、3つに分かれてるもん。一回おれこうやって書いたんだけどあっちの違うやつにこうやって書いてあったから。最初に書いたやつあるじゃん。

川嶋：いいんだよ、この人ほら、式は親戚ですね。はい次の人、親戚かな？　これ見てこれどう？

これどう？

生徒：親戚。

川嶋：ももかちゃん、どこにいる？　親戚？　ももかちゃん親戚？　どう？　みなさん教えてあげて。これ親戚？

生徒：親戚。

川嶋：そうだね、ここから切ってある。次誰だこれ、これどう、親戚？

生徒：親戚。

川嶋：あーやっぱり全く親戚だ。これどう？

生徒：親戚。全く親戚。

川嶋：えー、こんなに親戚があるの。これも親戚。れおくんの聞いて。ほんとに親戚だか。ちょっと待って。一人聞いてないから。待って、はい、いいよ。

生徒：まず、ここを切って、ますは横から数を数えて、1、2、3、4で、縦が1、2、3、4、5、6、7になって。

川嶋：だから今の説明ね、ちょっとおかしかったけど、この人が言おうとしてるのは、7のかたまりが4こありますから7×4って言ったのね。はい、そこまで同じだ。

7×4＝28

4×5＝20
28＋20＝48
4×5

生徒：で、こっちのやつが1、2、3、4、5になって、縦が1、2、3、4になって、4×5＝20になって、そして28＋20は48になる。

川嶋：この人とってもいいけど、ちょっと、この説明おかしかったね。4×5だから、誰かこの説明、この人になってやって。はいどうぞ。やってみて。この式の説明ね。

生徒：4このかたまりが、1、2、3、4、5こ。

川嶋：そうそう。そう言うの。はい、言ってごらん。やってごらん。今言ったの聞いてた？　だから人の話聞きなさい。なんでこの人指したかって言うとね。終わったなと思ってこの人に話しかけちゃったの。もう一回説明してあげなさい。

生徒：4このかたまりが、1、2、3、4、5こある。

川嶋：やってごらん。ゆっくり、はい。1、2、3、4のかたまりが……。

生徒：1、2、3、4、5。

川嶋：そう、もっといい方法はね。今度自分が説明する時、1、2、3、4、4このかたまりが1、2、3、4、5じゃないんだよ。4このかたまりが1、2、3、4、5。

生徒：4このかたまりが1、2、3、4、5。

川嶋：そうにやるの。はい、お話聞いて。話の聞き方うまいよ。じゃあ、この人全部親戚だよ。はい、ここに貼られた人立ってごらん。その人親戚。親戚同士黙って自分の席に着ける？　どうぞ。（どの子も参加したことを確認して）。次いくよ。自分の席に着いた人は席で見てるんだよ。はい、こっちの人。私は違う方法ですって人いない？　私は違う、はい、じゃあ、あなた。持って来て説明して。席に着いた人、こっち向いて聞いて。違う方法があるんだって。

生徒：親戚。

川嶋：意見ある人。はい、どうぞ。

生徒：さっきの親戚グループと同じだと思う。

川嶋：同じじゃない、すっかりね、だからこれは、親戚。はい座って。他に違う方法の人いない？　はい、あなた。よかったね。自分と同じ人がいていいんだよ。（②③の方法が出ないうちに④の方法が出てしまう。私は少し戸惑うが取り上げてしまう）。さあどんな方法だろう。えー、同じ。あ、これはむずかしい。はい説明、どうぞ。

生徒：私の考えは、12のかたまりが1つ目で、12のかたまりが2つ目で、12のかたまりが3つ目で、12のかたまりが4つ目で、式が12×4は48で答えは48枚。12×4＝48。

川嶋：これいいね。一つの式でできちゃうものね。はい、これ見て。いい、聞いてるのよ。1、2、3、4、5、6、7、8、9でしょ。10にしちゃう。1、2、3、4、5、6、7、8、9、10、

12？　12？　1、2、3、4、5、6、7、8、9、10、11、あ、ほんとだ。動かすと12になっちゃうわ。ほら。こうに動かしてもいいし、この人みたいに12こかたまってもいいし、はい、このようにやった人いない？　持って来て。ほんとにそうだか見てやる。（確認し合う）。あーこの人えらいね。私よりずっといいわ。さすが。はい座って。聞いて。君ね、さっきね、「手ぶくろをかいに」もうまかったけど（「手ぶくろをかいに」は総合表現）なんてうまいんだろう。これ見てごらん（図を動かす）。ほら、私よりずっといいじゃない。あなたと同じだね。この人と同じだね。分かるね。（前に出た④の方法に移る）。じゃ、これ分かるこれ。これ誰これ。きれいに書いたね、これ。ほんとうにきれい。あなた説明してごらん。あら、私と同じだ。説明して。どうに動かしたんだか説明して。はい、いいですよ（確認し合う。全員参加のために）。この人のいいところはね、こう色変えたの。分かりいいでしょ。これをここへ移した。分かった？　説明してごらん。この人の頭になって説明してごらん（前に発表した子の考えを説明させ聞いていなかった子に確認させる）できる、絶対できる。やってごらん。どこへ持ってったの。そう、これをほんとに12こあるか数えてごらん。はい、いいよ。だから、先生の話、友達の話聞いてなさい。教えてやるよ、いいですか。これをこっちに動かす。1、2、3、4、5、6、7、8、9、10、11、12の列が何列ある？　そうだ、4列ね。聞いてんだよ。お話ね。12×4。はい、これいいかな。この人また違うよ。4×12だよ。誰、説明して。

生徒：（説明する）4のかたまりが12こある。

川嶋：４が12こあるから、考え方としては近いですね。ここの人まだ違うの？　発表したい人。後ろの人、聞いてなさい。この人説明するから、え、これすごいむずかしいからこのあとにしよう。

（③の考えが出る。むずかしい考えばかりが出る。②がなかなか出ない）。

9×7＝63

5×3＝15

63－15＝48

答え　48まい

川嶋：最高にむずかしい。これ４年生だ。あなたの頭、４年。どれ４年だか見てあげる。あ、この人持ってこなかったけど誰かと同じ。（まだ迷っている子を参加させる）。４×12、同じですね。はい、他。ほんとだ、全然この人はね。誰も同じ人いないと思うよ。説明してください。

生徒：聞こえません。

（予想しなかった方法が出る）

10×４＝40

40＋８＝48

川嶋：聞こえなくたって分かるでしょう。10たす10たす10たす10たす8だよ。10のかたまりにしてったんだよ。であと8残ったから8たしたの。これすごい分かりやすいんだけど、これは2年生の考え？　これは3年生の考え？　この人は4年生の考え。一番最後にやるよ。4年生だから。はい、じゃあまだこれと違う人。はい、持ってらっしゃい。この人3年生。あ、これは、3・5まだ待ってて。他にない？　あ、やってみよう。これはね、これはやっぱりね、3年生。説明してごらん。はい、どうぞ。これだね、ちょっと待って。今のこの人の説明は今こうしたのよ。次、ほら一人聞いてない。はい、どうぞ。これだね、ちょっと待って。今のこの人の説明は今こうしたのよ。次、ほら一人聞いてない。はい、どうぞ。ここが、ここね。はい、それで。

生徒：36＋12は48で、答え48になります。

（②の考えが出た）

上が4×3＝12

下が9×4＝36

12＋36＝48

川嶋：大事なこと言うからね。この人たちは縦に切ってった。この人たちは横に切ったはい、横に切った人持ってらっしゃい（同じ人と合体させる）。親戚だから、はい親戚。はい戻って。ちょっと待ってね。これ誰？

生徒：ゆらちゃん。

川嶋：この人と、ゆらちゃんと、ちょっと待ってね。この式分かるでしょ、これ。これ誰？　この子はどの子？（総合する）。これはここで切ってるから、この人と同じだ。ちょっと違うだけでね。あとは同じ人いない？　これ誰、この人。貼っといで。大事なこと言うよ。はい戻って。さて3人残った。私のほうを見て。姿勢悪い、姿勢よくして。こんなに大勢いて、一つの問題だけれども、まとめてみれば、この人あとで貼るから待っててね（①②が分かったところで③の方法を出す）。全然違うって言う人が2人いるよ。これ4年生にならないとこの勉強しない。この2人立って。たぶんこの人はしっかり先生の話聞いてるからね。この方法もこの方法もこの方法もこの方法も頭に入ってると思う。じゃあなた、この人の説明してごらん。ちょっと待ってね、やっちゃおうね。はい、たぶんこの人の、全部やり方が分かってると思う。この説明してごらん。どうぞ。うん、この人の頭になって（想像説明）どうぞ。分からん？　はい、いいよ、じゃ座って。あなたこれ説明してごらん。

生徒：（不明）

川嶋：はい、いいよ、時間なっちゃったからいいよ。ありがとう。じゃあ、これやるよ。絶対これはね、4年生になって勉強するから覚えといてください。ゆらちゃんて誰？　説明してみて。

説明よく聞いてるんだよ。大きい声で。あなたやってごらん、たぶん同じよ（確め）。はい説明。どうぞ。

生徒：縦が7枚で横が9枚になりました。その7と9を掛け算して、63で、余ってるところを（3×5＝15）を引く。

川嶋：あなた説明して。やって。あなたのどれ。同じ。（ふり返りつなげていく）。おー同じだ。みなさん、これ分かる？ 63てどこだか分かる？ 1、2、3、4、5、6、7、8、9が1、2、3、4、5、6、7、ここあると思っちゃうんだよ。9のかたまりが7こあるんだって。7×9いくつ？ だから、これ全部がここにあると思ってるんだって。これ全部で9で、7だから、7×9＝63。でも数えすぎね。どこが数えすぎだか分かる人。もう一回聞くよ。7×9＝63。どこが数えすぎ？ ここ？ ここ？ そのどっちか。（全ての子に確認させる）。勘定しすぎは、こっちかこっちか、こっちの人。当たり。だから数えすぎをとらなきゃいけないのよ。ここは何枚かな。ここは何枚かな。ここは何枚かな。はい何枚。

生徒：15枚

川嶋：1、2、3、4、5が、ごさん15。さんご15でもいい。数えすぎちゃったところをとるの。そうすると残りが出ます。これはね、4年生になったらやるの。だから、この3人は4年生の考え使ってる。すごいでしょ3年生で4年生の頭になっちゃったからすごいね。一人だけ残っちゃったね（一人もおいていかないために予想していなかった8＋8＋8＋8＋8＋8の方法を考える)。これ、お友達ね、一人だけね、残しちゃ駄目よ。こういう考えだってあるんだよ。分かる？　ほら、この人。分かる？　はい、全員立って。言うよ。この人が説明をしなくても、分かるなって人は座ってごらん。8＋8＋8＋8＋8＋8、8が6こで8×6。この人の考え分かる人座ってごらん。分かんない？　分かんない？　分かんない？　じゃ、もう一回。立ってる人に言うよ。8たす、ここにも8たす、ここにも8。ここにも8がある。ここが8。8が何個ある。何こある？　はい。

生徒：6こ。

川嶋：だから8を6こ。8かける6。はい、分かったら座っていいです。大事なこと言うよ。一つの問題の解き方でも、いろんな方法があるの。筑波山へ登るのも同じ。

板書

48

①②③④⑤

いろいろある。

48ってのが筑波山のてっぺん。

登り口が、

こういう方法も――①

こういう方法も――②
こういう方法も――③
こういう方法も――④
こういう方法もある――⑤

川嶋：さあ聞くよ。いちばん自分が好きって方法。手を上げて。①がいい人。よし。②がいい人。いない。③がいい人。④がいい人。⑤がいい人。5とおりとも頭に入れて、一番いいのを使えばいいよ。じゃ、5とおりなら書けるかな（多数手を上げる）。お、えらい。4とおりなら書けるって人（数人）。えらい。3とおりなら書ける人。あ、これもえらい。2とおりなら書ける。お、よし。1とおりなら書けるなって人。お、よし、これもいいよ。全然書けない人はいないね。

（少しの子どもがいた）。終わります。

生徒：ありがとうございました。ありがとうございました。

川嶋：さすが三年一組、最高ですね。

（於・茨城・杉並小学校・2011年）

三　詩の授業(一)　3年

――実況放送のように詩を創る――

生徒：これから5時間目の勉強をはじめます、礼。

川嶋：今日は、何をするかというと、読める？

板書

詩を創る

生徒：詩、つくるの。

板書

作る

○創る
　造る

川嶋：この「作る」じゃないんですよ。この作るとこの創るは意味が違うのね。作るは、いろんな机を作ったりする工作。だけどこちらの創るは、自分で考えて、人と違うものを創り出すことなの。今日は自分の詩を創り出すこと。誰のも真似しない。世界に一つしかない詩ね、こっちよ。創る。用意しました。（B４の白紙を配ろうとする。すぐ書くか「書けないよ」と正直に言うかためす。できないものは「できない」とはっきり言える子とするため）。今から配りますから、詩を創ってください。
生徒：はい。
川嶋：嫌な人いないの？　すぐ創れるの？
生徒：すぐは創れないけど（困った顔をする）。
川嶋：創れないけど楽しそうだね。創ってみたいような気がするね。どうすれば創れる？
生徒：お手本を。
川嶋：そうだね、だから先生がいるんだもんね。先生に、創り方を教わるの。そうすると、嫌でも創れるようになる。だからこれから創り方説明するから。しっかり聞いてね。真似ていいんだから、創り方を。それを真似するの。学ぶっていうの。学ぶっていうのは勉強することを学ぶって言うでしょ。ほんとうの言葉は真似るって言うの。真似る真似る真似るって言ってるうちに、学ぶになった。だから、勉強するってことは真似るってこと。悪いこと真似ちゃ駄目だよ。いいことを真似することが学ぶってこと。創り方をね、説明するから、よーく聞いてるんだよ、ね。じゃあね、ものすごい上手な人の詩あげるから、これね、鈴木、これなんて読むの？　としふみっていうのかな。これね、すっごいいいね、詩を書く人なの。詩人なの、ね。そんな人の詩なの。先生、配ってください。私はこっち側を配りますからね。えー、いちにーさんしーごーろく、はい、ここの６人で分けてね。いちにーさん、しーごーろく、はい６人で。いちにーさん、はい。ここ、足りるかな。

生徒：足りない。

川嶋：足りなきゃあげます。よーく見てごらんほら。ここまで読んでごらん、ここまで。声出さなくていいから。

参考作品

詩

川嶋：みんな、だいたい読めたね。私が読むね。手紙。必ず詩には題がある、手紙。手紙もらったことある人。みんなあるね。手紙って誰が持って来るかっていうと郵便屋さんでしょう。郵便屋さんがポストに入れてくれるのね。ところがこの詩はそうじゃないんだよ。

郵便屋さんが来ない日でも、
あなたに届けられる手紙はあるのです。

川嶋：郵便屋さんが来なくても手紙が届くんだって。そんな手紙ってある？　これ読まないで考えてみて。郵便屋さんが持って来なくても、来る手紙ってある？　え？

生徒：書いた人が持って来る。

川嶋：書いた人がそこのポストに入れちゃう？　がまくんとなんとかって、2年生の時にやらなかった？

生徒：あ、やった。

川嶋：あれは郵便屋さんじゃないけどなんだっけ？

生徒：かたつむり。

川嶋：かたつむりが郵便屋さんの代わりね。そう、待っててね。で、かたつむりが4日くらいあとに持って来る人だよね。だけどこれはね、郵便屋さんが来ない日でもあなたに届けられる手紙。どういうのかって言うとね。ゆっくり過ぎる雲の影。ゆっくり過ぎる雲の影が手紙なんだよ。なんだ？　メッセージだよ。雲の影が何か言ってる（子ども、窓から空を見る）。ちょっとあなた今日は動かないけど、あの雲見てて。雲が手紙、あなたにくれる？　くれる？　分かんないよね。あれが何か自分にメッセージくれてるんだって。なんてくれるんだろう。分かんない？　次なら分かるよ。

庭に舞い降りるたんぽぽのわたげ

川嶋：わたげ、あれがあなたにメッセージくれる。くれる？　これ分かりにくい。次なら分かるよ。

お腹を空かした野良猫の声

川嶋：お腹空かした野良猫がにゃあって、にゃあ、なんて言いながら、なんて言ってるんだろうね。メッセージ、想像つく人。
生徒：腹減った。
生徒：お腹すいた。
川嶋：お腹すいた。
生徒：腹減った。
川嶋：腹減った、同じことだね。

生徒：飯くれ、なんかくれ。
川嶋：なんかくれ腹減ったよってね。それが手紙なの。野良猫がみなさんにあげる手紙なの。じゃ次だよ。

ごみ集めをしてる人の額の汗

川嶋：ごみ収集車の人。あの人の額の汗が何かメッセージくれてるんだって。どういうメッセージ？
生徒：はい。
川嶋：はい、どうぞ。
生徒：疲れた。
川嶋：あー疲れた。はいどうぞ。
生徒：同じ。
川嶋：もっとない？　はい。
生徒：同じ。
川嶋：同じ、はい。
生徒：助けて。

川嶋：手助けしてとかね、疲れたよとか。
生徒：倒れる。
川嶋：汚いねってとは言わないだろうね。
生徒：暑い。
川嶋：暑いな、額の汗だもんね。だから、額の汗を見て、あの人こう考えてるんだろうなってこっちで思うことがメッセージだろうね。ゆっくり過ぎる雲の影なんだろうね。雲の影見たことある。ない？　雲の影、見たことある人。どういう時？
生徒：なんか、雲があってその間に。
川嶋：雲じゃないんだよ。影だからたぶん下に写ってるんじゃない？
生徒：50メートル走やる時にね、見えたよ。太陽とかですごい晴れてる時。
川嶋：そうだね、野球やってる子なんかね。家へ帰る時にね。雲が見える。いつ頃の雲、影って出やすいの？
生徒：晴れの日。昼くらい。
川嶋：教えてあげようか。
生徒：夏の昼。
川嶋：そうそう、いつでも出るけどね。だいたい夏の終わりごろに、よく出るんだって。ということは、夏は終わりだぞ。もう秋だぞ。なんていうのかもしれない。

生徒：お知らせ。
川嶋：お知らせ、それが手紙なの。ね、じゃあ、たんぽぽのわたげ。春が終わるよ。今度指すからね。はい、えらい、えらい、ね、来年も咲くよ。
生徒：新しい季節が始まる。
川嶋：そうね、来年もまた咲く。川に落ちるなよってのもあるのよ。たんぽぽのわたげ川に落ちちゃったら水のなかで芽が出ない。川に落ちるなよ。海に落ちるなよ。ね、はい、次が大事、はい、鉛筆で線引いてください。
生徒：（困っている）
川嶋：そこじゃないよ、最後の一行（心で見ることを定着させる）。自分がしっかり見て読まないと。だからこれから詩を創る時に、自然なり何なり見て心で読むの。ただ目だけで見ちゃ駄目。えーあれはなんだろうなって。それをね、ほんとうによく心で見た人がいるの。今あげるね。このね、高田敏子さんってね。有名な詩人。メッセージあげてるよ。さーてどんなメッセージか楽しみだね。真似していいからね。はい、いきます。もらったらすぐ読んでごらん。高田敏子さんの詩。さーて、私が読むから心で読んでみてください。これが大事。じっと見ているとじっと見なきゃ駄目よ。心で読む。ただ、上っ面を見たんじゃ駄目。中まで見る。

高田敏子

流れる雲を見ていたら雲が言ったのよ

川嶋：雲が言ったんだって。さあ、なんて言ったか読んでごらん、どうぞ。
生徒：いなかのおばあちゃんが、ほしがきをたくさん作っていますよ。
川嶋：ほんとに雲が言ったの？
生徒：雲は言わない。
川嶋：そうそう、言わないけど、高田敏子さんがそう言ったように、雲が言ったように、思ったんだよね。ほんとは雲なんて何も言ってないんだけど、たぶんね、高田敏子さんは街に住んでるのかな。田舎の方から雲が流れて来て、ああ、おばあちゃんがほしがきをたくさん作ったよって、言ってるんだな。次、ほら、これがおもしろいんだよ。二連目を見てごらん。

消しゴムをじっと見ていたら
消しゴムが言った

川嶋：はい、なんて言った、どうぞ。
生徒：失くさずに大事に使ってね。
川嶋：自分で消しゴム出してごらん。さあて、どんな消しゴムがあるかな。このクラスの子はみんな立派。かわいい消しゴム使ってるね。その消しゴムがメッセージ言ってる？　ほら、この子の消しゴムなんか、こんな小さくなるまで使ってるよ。小さくなるまで使ってありがとうなんて言ってるかもしれないよ。心で見ればいいの、心で。さあ、何言ってるかちょっと言える人いない？　はい、どうぞ。

生徒：カバーつけて！

川嶋：どれ、寒いよだって。寒いよ、カバーつけてくれーだって。カバー取っちゃったの。

生徒：破けちゃった。

川嶋：そっか。何か言ってる？　ちょっと貸して。この消しゴム何言ってるだろうね。トンガリ頭だよーなんて言ってる。あ、おっこっちゃった。痛いなんてね。はい、じゃ消しゴムしまっといてね。しまいながら聞いて。このクラスの子えらい。一人も消しゴムを投げない。

生徒：えーもったいない。

川嶋：こんないい消しゴムをナイフで切っちゃってる。

生徒：えー。

川嶋：痛いなんて言うかもしれないね。次行くよ。二連見てごらん。じっと見ていなきゃ詩はできないんだよ。じっと見ることが大事。いい、はい、じゃあ黒板のほうを見て。いいかい、まず心で見るんだよ。それから、じっと見るって言うのは、目と心と両方使わなきゃじっと見ることはできないよね。手で触ってもいいし、ね、それから次、三連行くよ。

金色のイチョウの葉
きれいねと見とれていたら
さよなら　さよなら　また来年ね
風に吹かれて散っていた

川嶋：きれいでしょ、これ。校長先生に「あの木どうしたんですか丸坊主ですね。全部葉っぱも枝も切られてる。」かわいそうになっちゃって、校長先生に「また葉っぱ出るんですか」って聞いたら、「葉を切ったほうが元気が出て来年葉っぱが出てくるんですよ」って言われました。だから親切で切ってあげたんですって。丸坊主だよ。幹だけこうやって立ってる。ほら、さよならさよならまた来年ね。ね、次行くよ、次が大事。なんでもじっと見ていると聞こえてくる。いろんな言葉いろんな……。これを詩にするの。そこにね、聞こえてくるんだから耳も使って。例えばある学校の子どもが飼ってる、ぴーちゃんだからなんだろう。小鳥、小鳥かな。
生徒：七面鳥。
川嶋：それじゃなくてね、にわとりの。
生徒：ひよこ。
川嶋：ぴーちゃん、ぴーぴー。一緒に遊ぼう、遊ぼうね。なんて話する。そういう詩を書いた子いるよ。一年生だよ。ちーたん、ちーたんって知ってる？　これ一年生が創ったの。

ちーたんにかわいいねっていったら
ちーたんはかわいいでしょっていいました

川嶋：これ詩だよ。もっとおもしろいのがあるよ。これね。3年生。

おーい花よと呼びかけた
なあにと花が言った
いつも綺麗だね
これからも元気で育ってね
またね、またくるね
さようなら

川嶋：これ花と話してるんだよ。だからそういうね。自然のものとお話してもいいのよ。四年のもあるかな。4年生のあった、あった。これおもしろいんだよ。河原って題なのね。

いいなぁ、空は真っ青のひゅうひゅうだし
いちょうはどんどん緑になるし
河原には人が遊んでいるし

川嶋：次もおもしろい。宿題って重荷だもんね。やっちゃったんだって。

宿題はやっちゃったし
明日は日曜だし

川嶋：まだあるの。

あーあ、ひとつ、ひっくり返って寝てやろう

川嶋：のんきな子だね。河原へ行って寝てるの。これも詩なんだよ。おもしろい詩がいっぱいある。これはね、高浜小学校でしたっけね。二年生、うまいんだよ、聞いて。すごいびっくりした、2年生よ。いちょうっていうの。

ほら、耳を済ましてごらん
ひらひらひら
いちょうが風にゆれている
ほら、こころできいてごらん
風にあたってさむいよ
耳をすませて
いちょうもみんな生きている
いちょうの葉っぱが寒い

川嶋：ね、これうまいでしょ。遊ぶの大好きな子がいるんだよ。勉強大嫌い遊ぶの大好き。読んでみようか。

アメリカナマズ
アメリカナマズが波にあそんでる
ざぶんざぶん
アメリカナマズは外来種だけど
釣られるのが嫌だ

気持ちいい
泳ぐってこんなに楽しいんだ
アメリカナマズに生まれてきてよかった

川嶋：この子もう大きくなった。だけど、何でも先生の言うこと聞いて、遊ぶ時はしっかり遊んで、勉強する時はしっかりやるの。先生の言うこと聞けなきゃまず駄目だよ。ね、多少暴れん坊でもいいから、先生のいうことを聞いてよく勉強したら、誰でも立派になる。これもおもしろいよ。もみじが落ちたくないんだよ、木の葉っぱから。

もみじがとんだよ
おもしろいかたちだよ
こわいよ　落ちたくないよ

川嶋：あんなてっぺんから落ちたら怖いよね。

ひらひらひらひら
もみじはみんなひらひらしてる

川嶋：なんだって詩になっちゃうね。創りたくなっちゃったでしょう。府中第七小ってとこの四年生。いっぱいいい詩があるけどね、感心したのはね。先生ありがとうって詩があったんだよ。どういう詩だか教えますね。先生ありがとうって思わなきゃ駄目だよ。

先生は、私達の知らない間に
宿題やなんかみんなみてくれる
まるつけてくれる
先生はとてもいそがしそう
何か手伝ってあげたい
先生ありがとう

川嶋：こういう詩を書いた子がいる。30人中3人いたよ。あとね、お母さんありがとうって書いた子がいる。お母さんは大嫌いって書いてある。

なぜなら、ねんじゅう怒る
はやく寝なさい

宿題やったか
怒ってばっかりいて大嫌い

川嶋：だから大嫌いだけどってだけどって書いてある。

朝ごはんは作ってくれるし
夕ごはんは作ってくれるし
妹の面倒よくみてくれるし
お母さんありがとう

川嶋：ほんとうに嫌いなわけじゃないんだね。そういう詩もあったよ。だから、詩はまず題材選ぶの、題。何の詩にしようか。題が決まると詩ができるから。綺麗だね。筑波山が、私筑波山大好き。山書いたっていいのよ。私、筑波山が好きなの。あのね、日本の古い詩にね。万葉って言ってね。万葉集っていう短歌がある。日本の宝だよ。その中に筑波山が出てくる。

生徒：富士山は。

川嶋：富士山ももちろん出てくる。でも筑波山のほうが有名なんだよ。うん、万葉集って日本で一番古い詩の本では。筑波山が一番有名なんです。こんな綺麗な山はない。ほーら誇りを持ちなさい。誇りったってこういう埃じゃないよ。ね、だから何でもいいから題を見つけるの。筑波山でもいいし、落ち葉でもいいし、裸の木でもいいし、お母さんでもいいし、先生でもいいし、お父さんでもいいし、妹でもいいし、ぴーちゃんでもいいし。決めるんだよ。そしたら、それをよーく見て、よーく心で聞いて、よーく耳をすませて、使うの、目、耳、鼻使ってもいいよ。美味しそうな匂いがしたとか、素敵な匂いがしたとかね。

おちば

斎藤喜博

川嶋：いい、大事なこと言うから聞いて。落ち葉、斎藤喜博、落ち葉見て、詩をつくったの。

おちば、おちば
大きな木から
ちらちらちらちら

川嶋：落ちるんですよ。

明るい空に　光って落ちる
川嶋：落ち葉が落ちてるのよ。

はらはら　はらはら
ゆれながら落ちる

川嶋：この詩のいいところは、ちらちらちらちら　はらはらはらはら　落ちる様子をじっと見てるの、様子。ほら、ちらちらとはらはら違う？　どう違うと思う？（子どもはからだで表現する）。
生徒：ちらちらは、えーと、くるくる、はらはらは。
川嶋：すごいね。
生徒：はらはら。
川嶋：はらはらのほうが大きいよね。こうして落ちてるからね。よく見てるでしょ。ね、じゃ二連。

おちば　おちば

川嶋：あ、今度はくるくるだ。

くるくるくるくる

川嶋：こうやって落ちてくの。じゃ、はらはらは。

はらはらはらはら

川嶋：はい落ち葉になって見てみて、そこでいいよ（子どもよろこんで身体表現する）。
生徒：はらはらはね。
川嶋：あ、じゃあ、ちらちらの方がやりいいよ。ちらちらやってごらん。
生徒：ちらちら。
川嶋：この人がやってるよ、はいやってごらん。頭でだいたい分かればいいよ。

けやきの木から
くるくるくるくる
子どものように　首をまげ落ちる
ららら　ららら
歌いながら落ちる

川嶋：歌っていうのは大体全部詩だよ。歩こう歩こう、私は元気って詩は、歩こう歩こう私は元気、あれ詩なんだよ。ね、だから詩に曲つければ歌になる。

さあて、詩を創るよ。今から、題を決めるために決まった人はこれにすぐ題を書いて。自分の名前を書いて詩を書いて。決まらない人、約束してよ、言うよ三つ。一つ、校舎内ならどこでもいい（実際に外に出して題を見つけさせる）。校舎内ってのは学校の敷地の中。木を見て来てもいいし、いきもの見て来てもいいし、とにかくよーく心で見て目で見て、耳で聞いて、題材見つけていらっしゃい。それが一つ。二つめ。他のクラスに迷惑かけてはいけない。静かに。三つめ。10分位内に探してすぐに来て書きはじめなさい。その間に私が紙を配っておきます（約束をきちっと決める）。書ける人はすぐに、見つけられない人は外へ出て見つけて来て。校長先生みたいにああやってベランダから見つけてもいい。

一年生だよ、負けちゃ駄目よ一年生に。今日の雲は形が分かんないな。

雲が目に見えたよ
目のかたち
雲が犬に見えたよ
雲が波に見えたよ

雲にのりたいなと思いました
雲ってすごいなと思いました
こんど　のってみたいです
のって、アメリカにいってみたいです
そしてたんけんしてみたいです

川嶋：じゃ外へ出ようと思う人黙ってそこへ立って。三つめの約束分かるね。足音たてないで。いいよ、どんどん書きはじめて。なんかどのクラスもいい子だね。みんないい題見つけるもんですね。ほー、すごい題がいいね、虹。よーく目と耳と、心も使って。いいね。このクラスは、詩の天才。ああいいね、もっと創ってもいいし。もっと創るなら紙渡すよ。あなたうまいね。書きながら聞いてごらん（子どもたち順に教室へ帰って来て書きはじめる）。

小川がゆらゆらゆれている
春には桜をのせている
気持ちいいなと言っている
小川ゆらゆらゆれている
夏にはカエルをのせている

海におでかけだと言っている

川嶋：いいね。今度は秋だ。みんながんばれほら。あーいいじゃない、よく考えるもんだね。先生、二つ三つ作りたいって人いるけど、紙まだありますか？　おーすごいね。お父さんいいじゃない。いいね、いい、とってもいい、そうだよね（机間巡視しながら子どものを見てひとりごとのように言う）。よくもの考えるね。

虹って心をいやしてくれる
雨が降ったあと綺麗にできる
ぴかぴかきらきら
虹って少ない時間しか生きられない
そうだよね
でも、雨が降ってやむとまた生き返る
虹ってすごいなあ
虹って色を組み合わせるのがうまいなあ
美しいなあ

川嶋：そうだよね。いいじゃない、見た通りを書いてる（雲に乗ってアメリカまで行きたいという子がいた）。いいね。乗りたいね。みんなうまいね。詩が。これお父さんに見せなさい。お父さんに何かいう言葉ない？　ある？　三連目に。ほー、大人っぽい詩だね。あとで読んであげるね。お父さんっていう詩書く子は珍しい。いいのができたね。お、いいねぇ！　すごい、素敵素敵。すごいいい詩ができた。あ、いいじゃない、そうだね、いいよ。でかくなりな。あのね、こういうの書く人珍しいの。だいたいお母さんっていうのは物語でもなんでもね。教科書なんかはほとんどお母さんの物語なの。

お父さんはいつも仕事を頑張っている
だからこうやって幸せなんだ
お父さんはいつもわからないことがあると
教えてくれる
だからこうやって授業でたくさん手を上げられるんだ
お父さんはなんでもしてくれる
いつもどうもありがとう

川嶋：よっぽどいいお父さんなんだね。誰だっけ、教室って書いた人いたね。できたか。あ、いいじゃない。よしよしよし、いいよ。いいよいい、ね。いいね。おーいいね。みんな上手だね。ほーら校長先生も書きましたよ。

悲しい木
どうしてそんなに悲しいの
グランドにいろいろな木
グランドからは少し離れている
仲間がいるのにどうして
どうしてそんなに悲しいの
枝がないから？
自分ひとりだけだから？
ひとりぼっちでぽつんと立っている
ほんとに悲しそう
またはえてくるといいね

川嶋：どうしてそんなに悲しいの？　ぶーんぶーんとなる機械で、自分の枝が新しくなるのにやっぱり自分の枝がずっとついてるといいのにね。

校長先生：切られたのはかわいそうですよね。
川嶋：おもしろい。子どもっておもしろいね。あ、いいね。これもいい。

小川がゆらゆらゆれている
冬には雪をのせている
ぼくも小川になりたいな

川嶋：いいじゃない、小川の気持ちがよく出ている。みんな男の子は男の子らしい詩だね。おもしろい。よく季節感が出てる、いい。いい、とてもいい。これは？　いいじゃない。失恋しちゃうんだ。おもしろいよ。歌にはいろんな歌がある。人の気持ちを楽しくさせる歌もある。人の心をかえる歌。恋に落ちそうな歌。恋に落ちそうな歌ってどんなの。へー、なんだか四年生なのにおませなことを言うもんだ。元気になる歌。いろんな歌があって心が落ち着く。歌は人の心を変える。いいねえ、恋の歌知りたいな。いいじゃない、とてもいいじゃない。お母さんに見せたら喜ぶよ。あ、お兄ちゃんか。

お兄ちゃんはうざい
喧嘩した時も自分の部屋にきて

いきなり抱きついてくる
ほんとにうざいな
お兄ちゃんは口だけ
お菓子買ってあげるとか
帽子買ってあげるとか
靴買ってあげるとか
自分から言っても
いつも口だけじゃん
言ったら後でねとかいうのに
もう
でも、お兄ちゃんはやさしい
お兄ちゃんは勉強教えてくれたり
遊んでくれたり
足が痛くなったらおんぶしてくれる
いつもありがとう
これからも一緒にいようね

川嶋：いい詩だね、いいお兄ちゃんだね。みんなそうなんだね。

お姉ちゃんのいいところ
それは面倒をみてくれる
わからないところをおしえてくれる
そういうお姉ちゃんが好き
お姉ちゃんだいすき

川嶋：いいね。この最後がね。お姉ちゃんだいすきがいいね。へー、この人大人ですね。草ってすごいな。人に抜かれても元気に育つ。

（於・茨城・杉並小学校・２０１１年）

四　詩の授業㈡「いろんなおとのあめ」（岸田衿子）2年

――朗読を中心に――

川嶋‥（かっぱの詩をクラス全員で朗読）。これを詩って言うのね、今日はね、もう2年生だからね、もうちょっとむずかしい詩をやるよ。楽しいよ。いい、こういう詩だよ。（あめの詩を朗読）。

いろんなおとのあめ

岸田衿子

あめ　あめ　いろんなおとのあめ
はっぱにあたって　ぴとん

まどにあたって　ばちん
かさにあたって　ぱらん
ほっぺたにあたって　ぷちん
てのひらのなかに　ぽとん
こいぬのはなに　ぴこん
こねこのしっぽに　しゅるん
かえるのせなかに　ぴたん
すみれのはなに　しとん
くるまのやねに　とてん

あめ　あめ　あめ　あめ
いろんなおとのあめ

生徒：あ、それ教科書にのってるやつだ。
川嶋：そう。
生徒：あめ。あ、ほんとだ。
川嶋：教科書にのってます。教科書を出さなくていいよ。みんなで考えるの。

生徒：いろんなおとのあめ（子どもたち朗読する）。
川嶋：もう1回読んでください。
生徒：いろんなおとのあめ。
川嶋：さあ、今度はね。口に出して言わないの。目、目で読むの。いい、書くよ。読んでください。
生徒：はっぱにあたって。
川嶋：雨が葉っぱにあたって——。（不明）。どういう音がするかね。校長先生が葉っぱを取ってきてくれたの。（不明）。分かんないね、考えようね。あとでね。今度はね。窓、あの窓に（不明）。その次はね。傘にあたるの。先生の傘を持って来ました。どういう音するかね。ねえ、どういう音がするだろうね。次は何にあたるだろうかね。次はね、次は。
生徒：車。手？　顔にあたって？　ほっぺた？
川嶋：次は、次は。
生徒：手のひらにあたって——。
川嶋：手のひらの中にだよ。次だよ、次はね、なんだと思う？
生徒：かえる？
川嶋：かえるはもうちょっとあとだよ。
生徒：犬。
川嶋：うん。あたり！

生徒：えーすごい！　子犬。
川嶋：子犬の鼻に――。子犬が出てきたら次は何？
生徒：猫。
川嶋：あたり！あなたたちすごい頭いいね。猫のしっぽ。
生徒：これ読んだことある。
生徒：読んだことあるね。次だよ、君がさっき言ったの。
生徒：かえる。
川嶋：そうだよ、知ってるね。かえるの背中に――。次。
生徒：葉っぱだったから、んーと、あー忘れちゃった。花？
川嶋：おー、そう。葉っぱが出てきたらね、次はね、花。
生徒：すみれ？
川嶋：そうです。すみれの花に――。さあ、やっとだよ。誰かが言ったね。
生徒：車？　すみれの花に車？
川嶋：そう。車の屋根に――。
　みんなで考えるんだよ。読めるかな、まず読んでみようね。どうぞ。
生徒：葉っぱにあたって。窓にあたって。傘にあたって。ほっぺにあたって。手のひらのなかに。
川嶋：手のひらのなかに。

生徒：子犬の鼻に。子猫のしっぽに。かえるの背中に。すみれの花に。車の屋根に。
川嶋：みんな音がするの。あめがこうあたった時、どういう音がするのかな。はい、君、読んでください。どうぞ、どうぞ。
生徒：葉っぱにあたって。
川嶋：うまい。はい、隣の人どうぞ。
生徒：窓にあたって。
川嶋：うまい、はい、どうぞ。
生徒：傘にあたってかな。
川嶋：うまい、傘にあたってだね。うまいね、今度ここ行くよ。はい、どうぞ。
生徒：ほっぺたにあたって。
川嶋：うまい、はい、あなたどうぞ。
生徒：手のひらのなかに。
川嶋：うまい、はい、あなたどうぞ。
生徒：子犬の鼻に。
川嶋：はい、うまい。はい、どうぞ。
生徒：子猫のしっぽに。
川嶋：うまい、はいどうぞ。

生徒：かえるの背中に。
川嶋：はい上手、みんなよく読めるね。はい、どうぞ。
生徒：すみれの花に。
川嶋：うんうまい。
生徒：車の屋根に。
川嶋：うまい、みんなうまいんだね、読み方。じゃ、君、初めから最後まで一人で読める？　読める？　じゃ立って。はい、どうぞ。
生徒：葉っぱにあたって。窓にあたって。傘にあたって。ほっぺにあたって。手のひらのなかに。子犬の鼻に。子猫のしっぽに。かえるの背中に。すみれの花に。車の屋根に。
川嶋：うまいね。じゃあ、あなたにさっき。（不明）。次にって言ったけどちょっと待ってね。この読みはちょっと待って。もっとあとで読んでもらうよ。いい？　いろんな音の雨だから。今日は音、音を考えるの。葉っぱにあたって。先生がね、お水を持って来てくれたの。
　雨は持って来るわけにいかないから。先生がバケツでね。雨の代わりに。お水持って来てくれたの。葉っぱにあたるんだって雨が。どういう音がするかね？　これだとね、ぴしゃぴしゃだね。じゃ、これはどういう音がするかね？
生徒：（不明）。聞こえない。
川嶋：聞こえないね。じゃ、今度はどういう感じかな。ぽとんかな。ぴたんかな。どんな感じかな。

むずかしいね。（不明）。窓にあたってって。困ったね、窓。窓にあてるわけいかないね。どうやる？　あててみる？　あててみる？　向こうから。ほんとは雨が降ってくるんだけどね。こっちから。音した？　音しないね。

生徒：しない。

川嶋：はい、ありがとう。でもね、感じは音がしなくてもどんな音の感じかな。傘。さっきやりたかったんだもんね。傘、傘に雨が――。

生徒：逆さまにしたほうがいいんじゃないの？

川嶋：逆さまだって。

生徒：（不明）濡れちゃうし。

川嶋：これに雨が降ってくるんだって。どんな音がするのかね。想像で分かる？　わー、音がした、今。もう一回聞いてごらん。もう一回。よかった。これだけは音が聞こえたね。

川嶋：次だよ。ほっぺたにあたるんだって。誰か自分でやってごらん。

生徒：自分でだって。

川嶋：音した？

生徒：からぶり？

川嶋：からぶりだって。ありがとう。じゃあ次、手のひら。自分の手のひらだよ。聞こえないって。

生徒：子犬がいないんだけど。

川嶋：はい、子犬になってください。
生徒：やりたいやりたい。(不明)。
川嶋：子犬の鼻。
生徒：猫のしっぽだって。みんなしっぽないよ。
川嶋：じゃあ、あなたちょっとここへ来て。誰を指していいか分かんないから、みんながやりたいんだから、この人、先生になって指してください。はい、えーと。子猫になりたい人って言って——。
生徒：子猫になりたい人。
川嶋：じゃ、子猫。しっぽがないじゃん。どうする？　じゃ、傘がしっぽになる。大きなしっぽだね。ちょっと待ってね。
生徒：大きな猫ちゃん。
川嶋：自分で猫のしっぽを持って。はい、あなたしっぽにかけてやって。
生徒：飼い主だ。飼い主。
川嶋：音しないよ。はい、ありがとう。次はなに？
生徒：かえるの背中。背中やりたい。
川嶋：どうぞ。濡れちゃってもいいの？
生徒：うん。

川嶋：じゃ。ちょっとだけね。
生徒：かえるいる？　あっちにいる。あそこにいる。ほんとのかえる。ほんとだよ。ほんとのかえる。開けなくていい、開けなくていい。（飼育箱で飼っている）。
川嶋：誰かやってよ。
生徒：飼い主はこの人。飼い主お願いします。
川嶋：こっち来ないと飼い主はほら。飼い主の許しが無かったら、水かけるわけにいかないですね。みんなに見えるようにやってください。背中にぽとん、はい、やってごらん。音しないだろう。
生徒：しない。
生徒：お花あります。すみれじゃないじゃん。すみれじゃないよ。
川嶋：はいじゃあ、みんな先生のほうを見てください。たぶんね、すみれの花も音しないと思うよ。車の屋根だと音がすると思うよ。はい想像、どういう音がすると思う？　じゃ、君来て、内緒だよ。内緒。私に教えてください。車の屋根に、雨が落ちたら、どんな音がしますか？　なんて言ったと思う？　はい君。はい、あなた。近いね、ちょっと待って。手を下ろしてください。近いねって言ってください。何も返事しなかった。もう一回言ってください。
生徒：ぽとぽと。
川嶋：そう。
生徒：近い、すごい近い。

生徒：ちょっと違うかもしれない。ぽつん。近い。ばしゃばしゃ。近い。
川嶋：ばしゃばしゃっていうのは大雨だろうね。はいどうぞ。
生徒：ザーザー。
川嶋：ザーザーも大雨。大雨じゃないんだよ。
生徒：えー。
川嶋：はい。じゃあね、校長先生マジックありますか？　これに書いてもらおう。何色でもいいけど。あの人。はい音、書いてごらん。カタカナ書ける？
生徒：カタカナ、忘れちゃう。
川嶋：忘れちゃった？じゃ君が音を言って、君が書いてごらん。はい、どうぞ。教えてあげなさい。
生徒：駄目だよ見ちゃ。見ちゃ駄目だよ。
川嶋：大きい字で書いてください。
生徒：見ちゃ駄目だよ。
川嶋：はい、じゃ君の書いてもらったから。はい見なさい。はい、ありがとう。みんなで読んでごらん。どうぞ。
生徒：車の屋根にぽとぽと――。
川嶋：あと音がしそうなのはどれ？　どれ？
生徒：傘。

川嶋：傘？　じゃあ、傘にこれ書ける？
生徒：はい。
川嶋：書けるの？じゃあ、手を上げてない人を指す。はい、書いてごらん。傘にあたって——。はいどうぞ。なんていう？
生徒：えーと、忘れちゃった。
川嶋：忘れちゃったって。じゃ、誰か代わりに指しなさい。意地悪はしちゃ駄目よ。おー、ぽとぽと。はい、ありがとう。手を上げてる人いる何だろうね。なに？　まだ音がしたの？　何？
生徒：ぽつぽつ。
川嶋：なに、葉っぱ？
生徒：ううん、傘。
川嶋：ああ傘？　傘がぽつぽつね。違う意見の人がいたよ。ぽつぽつ。じゃあ、また、それはちょっとおいといて、まだこんなにいっぱいある。それでね、あなたがたにお願いなの。葉っぱの時、音があんまり聞こえなかったね。窓の時はちょっと聞こえなかったね。ほっぺの時も聞こえなかったのよ。葉っぱにあたった時、こういう感じがしたな。こんな感じの音だったなって想像できる？　葉っぱできる人。（不明）。次、窓。はい。ほっぺ、いない？　いた、覚えといて、じゃ、あなたこれ、ほっぺ書いてね。手のひら、手の中。二人いる、すごーい。はい、ありがとう。子犬のしっぽ。いない？　残念、子猫いないか。かえる、かえる、あ、いた。はい次、すみれの花。

おーいた。はい、じゃあひとつだけ今度はあれが好き、これ書きたいっていうのに手を上げてください。ない？　じゃ、いい？　窓、一個だよ。一回しか手上げちゃ駄目よ。窓、葉っぱ。はいありがとう。窓、はいありがとう。ほっぺ、はいありがとう。手の中、はいありがとう。子犬、あ、いた、ありがとう。子猫、おーありがとう。かえる、はいありがとう。すみれ、すみれの花いない？　誰かやって、誰かやって。いないか。じゃ、これはぬかそう。じゃ、どれでもいいから、自分で今手を上げたものを書いてください。ここにあるからね。まだよ、最後まで先生のお話聞いてね。何色でもいいです。持ってる人はそれ使って。ない人はこれ使って。使ったら返してくださいね。まだ、お話聞いてから。書けたら、自分の場所だよ。ここ、貼っていくの。窓だった人は窓に、ほっぺだった人はほっぺに、そこまで分かった人、できますね。はい、じゃ、はじめてください。

生徒：何色でもいいのかな。

川嶋：慌てなくていいんだよ。はい、どうぞ。

生徒：貼って、どう書くっけ？

川嶋：ん？　友達に教わって。おー貼れた貼れた。すごい早いね。さあ、みんなで読んでみよう。いい、みんな貼れた？　みんなで読んでみるよ。さ、姿勢はいいかな。お、いい姿勢だね。黒板の方を見ることができるかな？　私が指したら、指したところを読みましょう。いきますよ。どうぞ。

生徒：葉っぱにあたって。ぴたぴた、ぴしゃぴしゃ、ぽつんぽつん。窓にあたって、ぽたぽた。ぽとんぽとん、ぽつぽつ。ばたばた、びしゃびしゃ。
川嶋：あなたたちおもしろいね。次は、どうぞ。
生徒：傘にあたってぽとぽと。ほっぺにあたってぺとぺと。
川嶋：ぺとぺとか、いいね。
生徒：子犬の鼻に。ぽしんぽしん。
川嶋：たぶんこのひとつって書いたと思うのね。だからぽつんぽつんぽつん。はい、次は？
生徒：子猫のしっぽにぽとんぽとん。（不明）。かえるの背中にぽつんぽつん、ぽとんぽとん。すみれのはなに。（不明）。車の屋根にぽとぽと。
川嶋：これはみなさんが作った音の雨ね。ところがね、これをね、さっき誰か教科書にあるよって言ったでしょ。教科書にある人はね。はい、読んでごらん。
生徒：岸田衿子。
川嶋：岸田衿子さんて言うのはね。みなさんと違う。ほんとになんだろうって思うような音が書いてあるね、教科書を見たい？　見てみる？　何ページだか教えて。80何ページ？　ほんとだ。みんなで初めから読んでみようか。いろんなおとのあめからね。さんはい。
生徒：いろんなおとのあめ。岸田衿子。あめ　あめ　いろんなおとのあめ。はっぱにあたって　ぴとん。まどにあたって　ぱちん。かさにあたって　ぱらん。ほっぺにあたって　ぷちん。てのひ

らのなかに　ぽとん。こいぬのしっぽに　しゅるん。かえるのせなかに　ぴたん。すみれのはなに　しとん。くるまのやねに　とてん。あめ　あめ　あめ　あめ。いろんなおとのあめ。

川嶋：やっぱりさすがね。岸田衿子さんだね。だって葉っぱにあたってぴとんだってよ、ぴとん。窓にあたってぱちんだって。はじけてるみたいだね。じゃ、今度は先生が読むから、あなたがた、岸田衿子さんになって音だけ言ってください。私がはっぱにあたってって言ったら、みんなでぴとんって言うの。分かる？　いきますよ、はっぱからいきますよ。はっぱにあたって――。

生徒：ぴとん。

川嶋：うまいね、ぴとんらしく言ってください。ぴとんって言って。はねるように。もう一回いくよ。はっぱにあたって――。

生徒：ぴとん。

川嶋：今度はぱちんだって。ぱちん。窓にあたって――。

生徒：ぱちん。

川嶋：うまい。かさにあたって――。

生徒：ぱらん。

川嶋：あらー、どういう感じかしらね。ぱらーん、いいわね。かさにあたって――。

生徒：ぱらん。

川嶋：今度はぷちん。どういうんだろ？　ほっぺにあたって――。

生徒：ぷちん。
川嶋：いいね。てのひらのなかに――。
生徒：ぽとん。
川嶋：ぽとん、かね。てのひらのなかに――。
生徒：ぽとん。
川嶋：てのひらのなかに。
生徒：ぽとん。
川嶋：こいぬのはなに。
生徒：ぴこん。
川嶋：こねこのしっぽに――。
生徒：しゅるん。
川嶋：すべるみたいね。かえるのせなかに――。
生徒：ぴたん。
川嶋：これうまいね。誰だろ？　あなた言ってみて。すごいうまい。かえるのせなかに――。
生徒：ぴたん。
川嶋：ぴたん、ね。すみれのはなに――。
生徒：しとん。

川嶋：くるまのやねに――。
生徒：とてん。
川嶋：これおもしろいね。とてん。あなたがたなんて書いた？　ぽとぽとだって。岸田衿子さんはなんて言った？
生徒：とてん。
川嶋：いかにも車の屋根みたいね。とてんだって。じゃ、今度ね、ひとりで言ってもらうよ。こっちから順番によ。私がこうやったらだよ。いいですか？　あなたは葉っぱにあたってからだよ。いい？　はっぱにあたって――。
生徒：ぴとん。
川嶋：うまい。まどにあたって――。
生徒：ぱちん。
川嶋：うまい。かさにあたって――。
生徒：ぱらん。
川嶋：お、うまいね！　ほっぺたにあたって――。
生徒：ぷちん。
川嶋：うまい、いかにもほっぺらしいよ。てのひらのなかに――。
生徒：ぽとん。

川嶋：お、今のうまいと思わなかった？　こうやってね、遊んでるみたいね。ぽとん、ふしがついてたよ。もう一回聞いてごらん。てのひらのなかに——。
生徒：ぽとん。
川嶋：響きがあったね。すごいうまい、もう一回。ぽとんじゃなかった、ぽとん。響いてたよ。もう一回ね。てのひらのなかに。
生徒：ぽとん。
川嶋：うまいね。何回聞いてもうまいよ。もう一回。この人の顔、ぽとんってリズムをとってるよ。てのひらのなかに——。
生徒：ぽとん。
川嶋：うまいね。
生徒：ことばを覚えた。
川嶋：真似してごらん。てのひらのなかに——。
生徒：ぽとん。
川嶋：あ、これもいいわ。てのひらのなかに——。
生徒：ぽとん。
川嶋：いいね、次にいくよ。今度は手のひらじゃないよ。こいぬのはなに——。
生徒：ぴこん。

川嶋：かわいい。ぴこんって。かわいいよ。言ってごらん。こいぬのはなに――。
生徒：ぴこん。
川嶋：じゃあ、あなたは。こねこのしっぽに――。
生徒：しゅるん。
川嶋：お、すべってるね。もう一回聞いてごらん。こねこのしっぽに――。
生徒：しゅるん。
川嶋：しゅるん、だって。次だよ。かえるのせなかに――。
生徒：ぴたん。
川嶋：聞いた？　かえるの背中に――。
生徒：ぴたん。
川嶋：ぴたん。かえるの背中に――。
生徒：ぴたん。
川嶋：この人ちょっとね。静かに言うと思うよ。すみれのはなに――。
生徒：しとん。
川嶋：すみれのはなに――。
生徒：しとん。
川嶋：しとん。次はなんだろこれ。この人おもしろいだろうね。くるまのやねに。

生徒：とてん。
川嶋：とてん。くるまのやねに——。
生徒：とてん。
川嶋：くるまのやねに——。
生徒：とてん。
川嶋：あ、ちがったよ。この人とこの人。この人はとてんって下がって、この人はとてんって上がったよ。もう一回。くるまのやねに——。
生徒：とてん。
川嶋：ほら下がった。くるまのやねに——。
生徒：とてん。
川嶋：くるまのやねに——。
生徒：とてん。
川嶋：とてん。ぶつかり方がちがうね。くるまのやねに——。
生徒：とてん。
川嶋：今度は、あなた立ってください。あなたは、こういうとこを読むんですよ。全部あなたが先生みたいにここ読むのよ。他の人はみんな教科書の音を言うのよ。はいどうぞ。
生徒：はっぱにあたって——。ぴとん。

川嶋：うまい。

生徒：まどにあたって――。ぱちん。

川嶋：はい、ちょっと待って。この人かわいいね。まどにあたって――。ぱちん、ぱちんってやったよ。はい、次。

生徒：かさにあたって――。ぱらん。

川嶋：今誰も言えなかった人だけ。はい。

生徒：ほっぺたにあたって　ぷちん。てのひらのなかに　ぽとん。こいぬのはなに　ぴこん。こねこのしっぽに　しゅるん。かえるのせなかに　ぴたん。すみれのはなに　しとん。くるまのやねに　とてん。

川嶋：うまいね。とてんがうまいね。いちばんうしろでしっかり言ってください。本を持たないで、あそこへ立って。この人ね、たぶんね。読みが上手だからね。あそこにいても、ここに聞こえるくらいはっきりした声で言えると思うよ。あの人がここのとこ言うから、あなたがたは教科書で音だけ言うのよ、分かった？　はい、どうぞ。

生徒：はっぱにあたって　ぱちん。かさにあたって　ぱらん。ほっぺにあたって　ぷちん。てのひらのなかに　ぽとん。こいぬのはなに　ぴこん。こねこのしっぽにしゅるん。かえるのせなかに　ぴたん。すみれのはなに　しとん。くるまのやねに　とてん。

川嶋：うまいね。そこにいて。はい、君。教科書を持ってここに立って。あの人がものを言うよ。

この人が音を言うよ。みなさんは、初めのとこと最後のとこ一緒に言うのよ。いい？　いい？はい、ありがとう。じゃ、君、今度は言ってくれる？　立って言ってくれる？　教科書をちゃんと持って。はい、今度はこの人がひとりで音言うから。はい、ふたり前いらっしゃい。はい、みんな聞いてね。あ、そうそうあなたがたはね。あめ　あめ　いろんなおとのあめを一緒に言ってください。言うんだよ、はい。

生徒：あめ　あめ　いろんなおとのあめ。はっぱにあたって　ぴとん。まどにあたって　ぱちん。かさにあたって　ぱらん。ほっぺにあたって　ぷちん。てのひらのなかに　ぽとん。こいぬのはなに　ぴこん。こねこのしっぽに　しゅるん。かえるのせなかに　ぴたん。すみれのはなに　しとん。くるまのやねに　とてん。

川嶋：一緒に最後、どうぞ。

生徒：あめ　あめ　あめ　あめ。いろんなおとのあめ。

川嶋：うまかったね、このふたり。はい、ありがとう。じゃあ、これとっちゃうよ、とっちゃうよ。今度は岸田衿子さんでいくよ。いい、さあ、私が指した人に。じゃ、教科書、座って教科書を持って、一緒に言いますよ。あ、ちょっと待ってね。教科書持って。はい、一緒に言いますよ。さんはい。

生徒：あめ　あめ　いろんなおとのあめ。はっぱにあたって　ぴとん。まどにあたって　ぱちん。かさにあたって　ぱらん。ほっぺにあたって　ぷちん。てのひらのなかに　ぽとん。こいぬのは

なに　ぴこん。こねこのしっぽに　しゅるん。かえるのせなかに　ぴたん。すみれのはなに　しとん。くるまのやねに　とてん。

川嶋：どうぞ。

生徒：あめ　あめ　あめ。いろんなおとのあめ。

川嶋：うまいね。じゃあね、教科書見ないでそれ言えるでしょ。あめあめあめあめあめ。言ってみてごらん。どうぞ。

生徒：あめ　あめ。いろんなおとのあめ。

川嶋：いろんなおとのあめ。どうぞ。

生徒：あめ　あめ。いろんなおとのあめ。

川嶋：今度一番最後は。あめあめを4回言うんだよ。さんはい。

生徒：あめ　あめ　あめ　あめ。いろんなおとのあめ。

川嶋：みなさんは、教科書を持たないでそこへ立って。で、いい？　先生の言った所に来るのよ。この人はここへ。はい、ここの列の人そこへ行ってごらんどうぞ。はい、後ろの列もそこへ行ってごらん。はい、そこでこっちに行って。はい、この4人。ここに行ってごらん。はい。そこ行ってごらん。いい？　あら、姿勢がいい人はそこかな？　いい？　全体で、はい、音の人ここいらっしゃい。音、音ここいらっしゃい。あめあめからいくよ。あなたはそこ見れば言えるからね。ちょっと待って。こんないい顔がこうなっちゃうと見えないから　ちゃんと見せてね。いい？あら、あなた姿勢いいね。ちょっと足開いたほうがいいよ、ね。はい、じゃ一緒にね。あめあめ。あ、2回だよ。最後は4回だよ。さんはい。
生徒：あめ　あめ　いろんなおとのあめ。はっぱにあたって　ぴとん。まどにあたって　ぱちん。かさにあたって　ぱらん。ほっぺにあたって　ぷちん。てのひらのなかに　ぽとん。こいぬのはなに　ぴこん。こねこのしっぽに　しゅるん。かえるのせなかに　ぴたん。すみれのはなに　しとん。くるまのやねに　とてん。
川嶋：さんはい。
生徒：あめ　あめ　あめ　あめ。いろんなおとのあめ。
川嶋：上手になったね。じゃ、最後の仕上げ、今度はね。私が指揮者。私のほう見て。ここの手に声をちょうだい。ここの手で。いい？　あめ　あめからよ。ほら足開くの。いい、はいいくよ。
生徒：あめ　あめ　いろんなおとのあめ。はっぱにあたって　ぴとん。まどにあたって　ぱちん。かさにあたって　ぱらん。ほっぺにあたって　ぷちん。てのひらのなかに　ぽとん。こいぬのはなに　ぴこん。こねこのしっぽに　しゅるん。かえるのせなかに　ぴたん。すみれのはなに　しとん。くるまのやねに　とてん。あめ　あめ　あめ　あめ。いろんなおとのあめ。
川嶋：うまいね。何でこんないい子なの。
校長先生：感動しちゃいました。
川嶋：すごいいい子ね。

校長先生：はい。一時間でこんなになっちゃうの。
川嶋：素敵よ、これでもう出来上がりですね。
担任：（何か話すが不明）。
校長先生：２月楽しみにしてます。
川嶋：じゃあ上手に自分の席へ着いて。何時までですか？
担任：ちょうど20分までです。
校長先生：もうそろそろですね。
川嶋：はい、じゃあ、ご褒美に、手品をします。黒板ほんとは消さなきゃいけないけど、先生、黒板消してくださいね。だってこんな上手にできたから手品してあげないと——。いいかい？　結ぶね。今日お家へ帰ったらね。あめあめあめを、あの全部見ないで言えるように練習しててね。この順番もよく覚えて、この音もよく覚えて、ね。明日、先生明日ね、言えた人にはね。シール貼って上げてください。
担任：はい。
川嶋：先生とこへ行って全部覚えた人は言って。シールもらいなさい。今日言えちゃった人は、今日言ってシールもらっちゃいなさい。えい、結んだぞ。ここぎゅって結ぶの。解けないように。はい、絶対ほどけないよ。ほら、ほどいてごらん。ほら、ここ取ってごらん。３数えるうち。１、２、３。ほどけないよ。はい、３、数えるうちにほどいてごらん。１、２、３。

校長先生：無理だ。
川嶋：1、2、3。僕、やりたいもんね。
生徒：やりたい。
川嶋：1、2、3。
生徒：えー。やりたい。
川嶋：いい、取るよ。さん数えるうちに取っちゃうよ。1、2、3。
生徒：えー！
川嶋：じゃ、先生がほら、いろんなおとのあめ覚えたらシールだよ。いろんなおとのあめ、言えた人に、タネを教えてあげる。タネがあるの。マジックにはタネがあるの必ず。
生徒：たねもしかけも？
川嶋：うん、しかけがあるの。しかけを教えてやるからね。
生徒：今教えて！
川嶋：今はまだ。覚えたら。はい、じゃあ、終わりにしようね。
担任：日直さん。
生徒：起立。
川嶋：こんないい子見たことない。先生ね、沖縄のほうまで学校のお勉強、行ってるけどね。こんないい子、初めてだね。なんでこんないい子なんだろう。はい、日直さん。

生徒：これで3時間目の勉強を終わります、礼。
川嶋：はい、ありがとう。
担任：じゃあ、みんなそのまま立ったまま。川嶋先生ありがとうございました。さんはい。
生徒：川嶋先生ありがとうございました。
川嶋：はいありがとう。覚えたら手品のタネね。

（於・茨城・杉並小学校・2011年）

第Ⅳ部　若き教師たちへ

——教職三十余年を経ての提言——

一　学生による模擬授業を見て

（教育実習を間近に控えた学生同士による模擬授業を見せてもらった後のコメントを整理したものです。教材は今西祐行作「ヒロシマの歌」の最後の部分、川辺に面した食堂で「私」がヒロ子の実のお母さんのことを話す場面、そしてヒロ子が「私」のために縫ってくれたワイシャツを育ての母から受けとる場面です。授業者は「ヒロ子の言動からヒロ子の気持ちを読む」ということを目標にして授業を行っていました。）

1　教材の取り上げ方と準備

授業をなさったかたご苦労さまでした。私は30何年教師をやっていますけれど授業というものはむずかしいものです。あーよかったと思うような授業は未だにできたことがありません。私は今年かぎりで教師を辞めることになりますが、辞めるまでに一度はそういう授業をやってみたいと思っています。

今日の授業なんですが、まずこの教材を取り上げたということ、とても良かったと思います。私たちもこの教材を取り上げたくて仕方がないんですけれど、戦争にまつわる文学教材を取り扱う場合に、どうしても教師の目が戦争のほうに行ってしまうわけです。文学を教材として取り上げるということは、その中に描かれている人間のさまざまな葛藤や喜び、苦しみなどを子どもたちに伝えて私たちも共有するということですね。どちらにポイントをしぼるのかということが大変むずかしいんですね。私などは戦争体験者ですから、この教材はやりたいものの一つなんですが、やる前に、どこにポイントをしぼるかなということで必ず悩んでしまいます。今日の授業者の方が勇気をもってこの教材を選んだということに敬服しました。

それからもう一つ、今日やることの山場をここに書いたということはとてもよいことだと思います。この教材はこうやって（机の上のプリントをうつむいて見るかたちを示す）見ながら進めると子どもは全部下を向いてしまいます。すると教師は子どもの顔が見えないわけですね。ところが黒板にこうして教材が貼ってありますと、こういうふうに子どもが見えるわけですね。ですからこういう下準備も苦労をいとわずにやっていただきたいと思います。それで失敗したとしてもそれは仕方のないことです。これだけ努力して失敗したという時の失敗はそれはもう勲章なんです。今の授業をなさった方もとてもよく準備をなさっていて感心しました。

2　子どもの現実と追い込み

それからみなさんはとてもよく意見を出していましたね。でも現場に出て見てください。子どもはそんなに意見を言いません。よほど先生の追い込み方がうまくないと、子どもは勉強の途中でも喧嘩をしたりしますね。それからつっぱっちゃったりしますね。先生あきたよ、って言う子もいますね。ひたすら鉛筆をけずっている子もいます（笑い）。それが現状ですから、子どもが意見を言えるような追い込み方を学んでいただきたいと思います。

3　教材をどう読み取るか

さて、私がここ（黒板に貼った教材）の文章に青色の線を引きますから、どうしてその線が引かれたのかを考えてみてください。（傍線が引かれる）

さあ、何でしょう、この線は。ところで授業者の方が引いた赤い線をもう一度引いて見ます（波線が引かれる）。

このように赤い線は3本引かれていましたね。青い線は七本です。この赤と青の線の違いを考えて見てください。子どもを追い込んで行く時にもこんなふうに問いをかけてゆくんです。みなさんも今一生懸命考えているでしょう。子どもに質問する時にも、子どもが「うーん、ショッキングなことを聞かれた」というような問いを出さなければ、子どもは食い付いてこないんです。さあ、考えられたでしょうか。間違ってもいいんです。

学生「青色のほうが兵隊さん（私）のほうの気持ちで、赤い線がヒロ子の気持ちだと思います。」

学生「青い線のほうが悲しいというか暗いというかそういう感じがします。赤い線のほうが明るいと言うか、前に向かっていると言う感じです。」

はい、みなさんのおっしゃるとおりで、この今西さんの文章というのは、必ずと言ってよいほど「私」から見た主人公の様子や気持ちという書き方がされているんです。ところが、今の授業では、授業者が、ヒロ子が主人公だからということでヒロ子の気持ちを追っていきましたね。そうすると子どもは発言の方向がないんです。なぜかというと文章の中に決め手がないんです。先程のこの授業に対する検討の中で、文章の中のキーワードとみなさんの中からいろいろな意見が出ましたけれど、文章にもどって理解する場合には「私」のほうを追求していかないとヒロ子さんの気持ちが分からないんです。

4　「私」から見たヒロ子

お母さんと「私」は、原爆にあったヒロ子さんをはらはらしながら見守っているわけですね。

「私」は、ヒロ子さんがどうなるかというのでずっと思い続けてきて、ヒロ子さんに会う日にちまで指定しているんです。原爆の記念日を。それから何時言い出そうか、何時言い出そうかと言い出す時まではらはらしているんですね。

そして灯籠流しの場面になるわけです。灯籠流しを見て、漸くやっとの思いで話し始めるんです。やっとのことなんですね、ここは。そこでここの「やっと」という言葉が生きてくるんです。「わたしはやっと、ポケットに持っていた布の名ふだを取り出す」んです。言おうか言うまいか迷って、場合によっては言わないで帰ってしまったということだってあったかも知れませんね。それくらいはらはらしていたわけですから、この名ふだを見たらヒロ子さんはどう思うだろうかと気が気ではないんです。

ですから、窓の外の灯籠を見ながら話したんですけれど、これは堂々と話したんではないんですね。目の置き場所がないような気持ちで話したわけですね。ヒロ子さんがどんなショックを受けるだろうという心配でいっぱいなんです。「泣きだしたらどうしよう」と思っているんですね。こんなふうにすごく心配しながらヒロ子さんに話しているんです。

そうしたらヒロ子さんは、明るく受けてくれたんですね。ただし、明るくと感じたのは作者の受け止め方です。そこを子どもたちに分からせたうえで、そこで「じゃあ、ヒロ子さんてどういう人だと思う?」と聞いて、いろいろなイメージを描かせるわけです。子どもたちはさまざまなイメージを出してくると思いますが、この場面では教師はそれを全部受け入れてやることが必要だと思います。

あれは駄目、これはいいということは、ここではないんです。ですから文章に添って読み取ってゆく場面では表現に添って確かに教えていかなければならないんですけれど、イメージをふくらませる場面では自由に子どもの想像をさせるんです。ここで書き込みをさせるんです。ヒロ子さんについて思い浮かんだことを書いてごらんなさいということで、五分とか十分とか時間をあてれば子どもはずいぶんいろいろなことを書き込むんです。

5　イメージを拡げる

今日の授業者の最初の発問は「どうしてヒロ子さんはにっこり笑ったの」というものだったですね。あそこは「なぜにっこり笑ったの」ではなくて、「にっこり笑ったヒロ子さんてどういう子なの?」というふうに聞けば子どもからはたくさん意見が出てくるはずです。これが子どもの追い込みということです。みなさんも、こういうふうに進めてくれれば、「じゃあ、ヒロ子さんのイメージを書いてごらん」というふうに言われても書けますね。

こうしてヒロ子さんのあるイメージが出てきますね。そうしたらば、「ヒロ子ちゃんは強い子でした。どんなことにも負けていませんでした。」という文章にたくさんの事実が含まれていることが理解できるわけです。お母さんが違うということにうすうす気が付いているかもしれないし、おばあちゃんにいじめられているかもしれない。お父さんと呼んだ人を白血病でなくしてしまって、それにも負けないでこういうふうな行動ができるヒロ子さんて一体どういう子なんだろう、すごいね、やっぱりということで、ここで教師と子どもとが共感を持ち合えるわけです。やっぱり強いのよね、ヒロ子さんてね、ということで、私などはつい蛇足で「あなたたちも強くなってね」と言うのですが、子どもたちは「うん」と言ってくれるんです、こういう場面では。戦争という不幸を身に受けていますけれど、やはり人間は強く生きていかなくてはならない、受けた不幸に対しては強く生きていかなくてはならないということを言葉ではなく子どもたちに伝えることができると思うんです。

ところで、ヒロ子さんはお母さんのことを心配する子なんです。早く帰ろうとするのはそのためなんですね。そして、「ちょっと暗い所」に来て、「会ってみたいな」と言うんですね。ですから、「ちょっと暗い所」というところは大事なポイントなんです。明るい所で言っているんではないんで。もしかしたら顔を見られたくないということなのでしょうか。

「勝ち気なヒロ子ちゃん」というのがここで生きてくるんですね。そしてここでもう一度「ヒロ子さんてどういう子、書き込んでごらんなさい」という課題を出すんです。そうすると、「思いやりがある」とか、「人に泣き顔を見せたくない」とかいう子どもなりのヒロ子さんのイメージが更に出てくると思うんです。

それからまだあるんですよ。「私」は「やっぱり」と言ったでしょう。「私」はこの場面でもまだヒロ子さんの明るさを理解していないわけですよ。「これはショックを受けちゃったんだなあ」と思ったんでしょう。この「やっぱり」というのは、シャツを縫ったということに対してではなく、悲しませてしまったとか、ショックを与えてしまったために一晩中眠れなかったのか、という意味が含まれているわけですね。

子どもたちはそれをきちんと読み取れないこともありますから、その場合にはそれを明確に教えてやることが大切です。その結果、大人って何と意気地がないということになるかも知れませんし、ヒロ子さんて何て強い子なんだろうとか、文章に戻ってとか、改めて思う子もいるかも知れません。そこをどういうふうに感じるかは、それはもう子どもの自由だと思います。

6　教師と子どもとの共感

そのように読んでくると、「私」たちがあんなに杞憂をしていたヒロ子さんが、一晩でワイシャツを縫いイニシャルまで刺繍してふっきれた気持ちになれたんだなと、「私」たち大人も安心したんです。安心したのはヒロ子さんではないんですよね。ヒロ子さんは不幸をふっきれてよかったなと、今西さんは自分自身にも言っているんです。お母さんにも言っているけれど自分にも良かっと言い聞かせているんです。

お母さんの方もものすごく心配していたんでしょ。そこでやっと安心したという言葉が生きてくるわけです。この時には子どもたち同士で、ほんとうに良かったね、と心から共感が持てるようでないといけないんです。

みなさんはほんとうに良かったと思いました？（笑い）思えなかったでしょう。先ほどの授業ではね、宿題なんか出されてしまってね（笑い）。だから文学作品で、宿題なんか出しては駄目です、絶対に。楽しく、共感を持って読み取れないとね。

「ちいちゃんのかげおくり」（あまんきみこ）というやはり戦争教材があるんですけれど、これなどは、最後には、子どもたちは発言しなくてもいいと私は思っているんです。泣く子もいます。お父さんが出征してゆくんですけれど、その時に写真が撮れないので、皆で自分の影を見て、それでお父さんはそれを写真だと思って戦争に行くわけですね。お父さんは戦争で死にます。ちいちゃんは大空襲で死にます。そこが今日の教材のように作品の最後の場面ですが、そこを勉強する時には子どもは何にも発言しません。お互いに可哀相だった、悔しいねという人間の感情を教師と子どもが共有することによって両方が近づけるし、学級ができてくるし、文学作品というものはそういうふうに使いたいものだと思います。

ですから今日の授業で言いますと、ヒロ子さんにポイントを当てるのではなく、やはり文章の中にたくさん表現されている青色で示したほう、「私」のほうの目をとおしてヒロ子さんを見て欲しいなと思います。そうすると子どもたちはどんどん発言していきます。それでだからこそ、最後の「登りにかかっていました」という言葉が生きるわけです。下りでは駄目ですね。下っては駄目なんです。やはり列車は登らなければならない。ふっきれたんですから登らないといけない。文章のキーワードを読み取るということはそういうことです。

7　子どもの状況への配慮

先ほどの質問で、こういう教材を選ぶ時に、教室に母親がいない子どもがいるような時にはどうしますか、という質問が出ましたね。それは学級の子どもの様子を見て、もうこの子どもたちなら大丈夫という判断が下せればそれでいいんですけれど、最初はちょっと用心したほうがいいでしょう。特に実習などで行く場合には子どもとの距離が遠いですから、指導の先生と相談して進めたほうがいいでしょう。

今の子どもたちは、このような戦争に関わるような教材を与えると嫌だということが多いです。もっと明るいものが欲しいと言うんです。今の子どもは暗いものは嫌いなんですね。でも今西さんのは明るいんですよ、必ず最後が。「一つの花」でも、最後はお父さんは帰って来るかどうか分からないんですけれど、お母さんと二人でいるところにコスモスがいっぱい咲いていてミシンの音がしていて、明日を明るく生きてゆくという、こういうふうに最後は明るくしめくくられています。その強さを読み取れないと、暗い話で嫌だと子どもに言われてしまうんです。

じゃあ何がいいのと言うと、星新一とかああいう傾向のものが出てくるんです。ところが先生たちは大体こういうような傾向のもの、地道な作品を好むんですね。この本（人）には、日本の戦争を扱った作品の全部のリストが載っていますから、必要でしたら参考にしてください。こういうものを使いながら広い範囲から教材の候補を捜し出して、子どもと一緒に物語りの世界を共有したいと心から思えるようなもので授業をして欲しいと思います。

いろいろ注文をつけましたけれど、でも実は、先ほどの授業を見ていて、私も今の方のような方向で授業をやってみたくなったんです。ヒロ子のほうにポイントを置いて書き込みをさせてみる。そうすると、ヒロ子に対する子どものイメージがもっと膨らむかも知れない。私は今六年生の担任ですからやってみたいと思っています。見ている人に、自分もこのような授業をやってみたいと思わせるような授業はいい授業なんです。私に今までの視点とは違う視点を与えていただいてほんとうにありがとうございました。

（事実と創造148号・１９９３年6月）

二　説明文の指導をどう進めるか
――山場の問題をつくる作業――
「せんこう花火」（中谷宇吉郎）６年の授業から

1　はじめに

一つの学級にはさまざまな子どもがいます。文章を深く読み取る子、大切な疑問を見つけじっくり考える子、感じてはいるけれどそれを表現できない子、何の疑問や感想も持てない子、友達の出した疑問すら理解できない子………など。時には、６年生になっても文章の拾い読みの子どももいますし、特に担任したばかりの時は、教師や友達の話を聞き取ることが上手でない学級もあります。

このさまざまな子どもたちを一人も残さず授業の中に引き込んでいくことが、私たち教師の仕事だと思います。

この授業は、そんな願いを持って「せんこう花火」という一つの教材をとおし、国語の学習訓練を試みたものです。

学習訓練一

疑問の持てない子を立たせたり座らせたり、手を上げていない子を指名すると言ってどっきりさせたり、その友達になったつもりで説明させたりなど、さまざまなことを試みました。どれも学習訓練ですが、子どもたちが学習にのめり込んでくるようになれば、こんなものは必要なくなります。

（記録には、〝技〟と書きました。）

学習訓練二

「せんこう花火の音楽というのはどういうことか」という疑問を一人の子どもが出した時に、その意味の分かる子は数人、他の子どもはぼうっとしています。私はこの疑問は、この文章を読み取る上で大切なものと思ったので、学級全体の子どもに疑問の意味を分からせ、それについて、一人ひとりが自分の意見を持てるような手だてを、この授業の中で行いたいと思いました。

一学期の終わりに近い七月の初め、教育実習をやがて迎えることになる大学生に見てもらうために、私はこの授業をやりました。この時間は、この教材に入って4時間目で、子どもたちはすでに、自分たちでそれぞれに感想や疑問、段落分けなどを教科書に書き込んでいます。この時間で扱うところはせんこう花火に火がついてから消えるまでの様子を描写した部分で、教科書のページは45ページの中ほどから、49ページの三行目までです。

2　授業の記録

★印は授業者のコメント

川嶋：それでは、せんこう花火に火がつけられてから、ポトリと落ちるまでの様子。どんな様子だったか大体は言えるよね。大体は言えるけれど、大体では駄目なんです。細かい部分がほんとうにそうだと分かるようにしっかりおさえること、それが今日の勉強の目標です。

（★今日の授業の目的を言う）

それで火をつけたところから消えるところまでの文章の細かい部分について考えます。教科書を読んでもらいます。誰か読んで。積極的に読んでください。読める人、手を上げて。そう、それじゃ手を上げてない人に読んでもらいます。指されて嫌な人は手を上げなさい。はい、それでは根岸さん。

（★技　これは私がよく使う技術の一つですが、手を上げている子が少ない時、逆に「手を上げていない子を指す」と言うと、子どもたちは一瞬と戸惑い、自分かち授業に参加する気持ちになる。）

ちょっと、待って。根岸さんの読みを聞きながら、花火がどういう順序で終わりになるのか、自分で順序を押さえながら聞いてください。

（★朗読を聞く目的を持たせる）

生徒：（根岸）朗読「せんこう花火の一本を取って、まず、その先に火をつける。……これが済むと、火花のエネルギーをはきつくした火の球は、力なくぽとりと落ちる。それで、せんこう花火の音楽はおしまいになるのである。」

川嶋：はい、そうすると、そこまでで終わるんだけど、大体初めから終わりまで、頭に入ったかな。どういう順序で変わっていくか。簡単に入った？　入ったなと思う人は手を上げてごらん。

（★目的　点火から終わりまでのおよその順序を押さえる。）

はい、それではまだちょっと入り切らないという人は手を上げてごらん。（後者のほうが多く手が上がる）そう、じゃその人のために、用意したものがあるの。教科書の写真をコピーしただけなんだけれど、どれが最初でどれが後か、ばらばらにしてしまいます。教科書を見ないで、並べてもらいます。見なくったって、分かるでしょう。（教師が写真を黒板に貼っている間に、子どもだちは口々に話し合いながら考えている。一、二、三、四、」と頭の中で順番に並べてみる声や、「先生は順番に貼っているから分かっちゃうよ」「いや、そうじゃないよ」など楽しそうな笑い声も聞こえる）

じゃあ、じゅん君にやってもらおう。

（★意図的にじゅん君を指名した。それは、この子ならきっと問題が出てくるだろうという期待からである。）

生徒：並べるの？

川嶋：並べてみて。

生徒：（黒板に貼られた十一枚の写真の順序を並べる。）

生徒：（並べながら）、こっち②とこっちとどっちだっけな。

川嶋：おや、いいこと言った。

（★小さなことのようだが、ここを見落とさないように、そして学級の子ども全員に意識づけておく。というのは、本時のめあて＝せんこう花火の音楽とはどういうことか＝を解くための一つのポイントになるところだから。先のための布石を打っておくようなもの）

川嶋：ちょっとみんなは、これ間違えじゃないかどうかしっかり見てね。この順番でいい？

（子どもたちが口々に確かめながら話し合っている声が、あちらこちらから聞こえてくる。「俺が見た限りではあってる」「うんあってる」などの声も聞こえる。）

川嶋：あっていますか。

生徒：うん、あってる。

（写真は両方とも球が写っているものであり、火花は出ていない）

川嶋：中島君、今、じゅん君がなんて言ったか分かる？

生徒：②と最後のとどっちが明るいか。

川嶋：そうだね。教科書のほうはどう？　教科書のは分かる？

生徒：教科書は分かる。教科書の写真を見ると、②のほうができた球が少し大きくて少し明るいっていうか、明るいっぽい……。
川嶋：そうだね。これから始まるのと、もう終わってしまったのとでは違うでしょう。こっち②はいっぱいものが詰まっているし、こっちはどう、詰まっている？ 詰まっていないね。こっちはもう終わっちゃうんだから。じゅん君ちょっと考えちゃったけれど結局分かったのね。こんどはそれを文章で考えましょう。
いろいろな表現の文章で書いてあったね。どの写真がどの文章にあてはまるだろうね。
（教師は、花火の変化の順序に従って書かれた6枚の文章のシートA・Fを黒板に貼る）
川嶋：バラバラに貼りましたよ。
「一休みする。」「散りぎく」「やなぎ」「火の球がポトリと落ちる」「せんこう花火はおしまいになる」どこでしょうね。その写真の下に置いてきて。新田君。
生徒：（新田君は黒板で迷っている。）
川嶋：どこだろうね。それじゃ他の人、応援、応援。中村さん応援。
（さらりとした雰囲気で他の子どもが応援に出る。このようにして、6枚の文章のシートの表現の当てはまる数枚ずつの写真を並べていく。）
川嶋：これで全部分かったね。それじゃ、もう一度復習するよ、火をつけてぷすぷすいぶり出して、炎が出てきて火の球ができる。この球が静かに燃え続けていて、細かくふるえて――ふるえているのは球だよ。そしてしばらく沈黙した後、火花はこういう形になってパチッパチッと出る。そして火花の出る間隔が長くなって、勢いも弱くなる。そして散りぎわになって最後にポトリと落ちるのね。分かったかな。

（★点火から終わりまでの大体の順序が分かる）

そうすると、もう勉強すること無くなってしまったね。もうこれでお終いだね。それでは、せんこう花火を実際にやって見ようか。（「うん」、「うん」と言う子どもの声も聞こえる。それとは別に2、3人の子どもが手を上げている）

（★ここで読み取りができてしまったと思う子どももっと深く疑問を持つ子どもがいる。ここからが、問題づくりの本番に入るのに、ただ花火をやりたいだけの子どもをなんとかしたい）

でもまだちょっとやることがあるなと思った人いない？　その人たち立ってください（15人程の子どもが立つ）　じゃ、この人だけで花火やろう。

（★技　できるだけ多くの子どもが、文章上の疑問を持てるようにひっかけていく。「疑問のある子だけで花火をやろう」と言うことで、単純に花火だけやりたいと言っている子がはっとなる。問題を持っている子だけ手を上げたのでは、他の子どもが授業に参加しなくなる場合がある。そんな時にこの方法をとると、嫌でも全員が授業に参加し、ひとりがはっきりする。）

生徒：（「嫌だよう」「まだだよう」などのにぎやかな声。あわてて立つ子どもが更に5、6人増える。）

川嶋：（全員を立たせてから）それじゃあ、まだ、やることがあるというのを、指されても言える人は腰を下ろして。
生徒：言えるよ（などという声とともにほとんどの子どもが座る）
川嶋：指されても言えなければ駄目だよ。座っている人を指すから、嫌な人は立たないとね。（7、8人が再び立つ）
（★技　立っているのが嫌で、つられて座る子どももいるのでもう一度駄目おしをする。こうしながら、子どもたち一人ひとりに自分の考えていることをはっきりさせるように追い込んでいく。）
じゃあ、誰か指されたい人はいない？　はい、やることあるよと言える人。はい、そういう人は立派よ、はい、田中さん。
生徒：疑問を考える。
川嶋：そう、まだ疑問があるでしょう。竹田さん。
（★目的文章を深く読み取るための疑問を出し合っていく。）
生徒：49ページの……。
川嶋：ああ、疑問を出したいのね。疑問を出したい人はたくさんいるのね。座ってください。みなさん集中してね。田中さんの意見はとてもいい意見ね。通り一遍に分かったからと言って分かった気持ちになっては駄目でしょう、っていう意見を出したのね。こういうことをしっかり覚えてくれると先生もとても嬉しいし、有り難いの。それで、疑問の内容をしっかりつかんでいる人もいる。私はここで分からないから、絶対ここで勉強するぞって。竹田さんの疑問を聞いてみようか。疑問がある人は立って。竹田さんの疑問をチェックして同じ疑問だったら座ってください。はい、竹田さん。

生徒：（竹田）49ページの3行目に、「それで、せんこう花火の音楽はおしまいになるのである」って書いてあるんだけれど、せんこう花火の音楽って何だろう。

生徒：ぼくもおんなじところ。

（★山場となる問題が一番先に出てしまったので、問題の意味が分からずぼうっとしている子どもが大勢いた。）

川嶋：そこが分からないのね。問題が同じだった人は？　同じ人は座って。

生徒：（数名が腰を下ろす。）

川嶋：じゃあ、立っている人には悪いけれどちょっと待っていてね。今の問題が分かる人がいるから聞いて見よう。小林さん。

生徒：（小林）それは、花火の最初から最後のところまでを音楽って言った。

（★小林さんの発言では、分かったことにはならない。一つひとつの段落の文章を丹念に読み取る作業が必要である。そのために「納得のいかない人」とつっこんで質問した。）

川嶋：そうね。それを聞いて竹田さん意見があるみたいね。小林さんは、花火の最初から最後までの様子を音楽って言ったのね。竹田さんはそれで納得いった？（軽いうなずき）それで納得いった人？　いかない人？（10人くらいの手が上がる。）いかないのになぜ質問しないの、はい。なおき君。

生徒：（なおき）最初から最後までを音楽って言い表しているのは分かるんだけれど、なんでそれを音楽って言ったのかは分からない。

川嶋：先生も分からない。だって音楽って音が出てくるでしょう。せんこう花火は音が出るのはせいぜいシューシューとか、パチパチとかくらいなのにそれがなぜ音楽なのか。誰か分かる人いない？（子どもたち考え込む）

（★なおき君の出した疑問の意味はみんな分かったのでせんこう花火のどこを音楽になぞらえらのかを文章にそって考えさせたかった。反省　子どもが花火に最初から最後と言っているのだから、音楽の第一楽章の始まりから終わりまでの特色を話して、せんこう花火と比較させればよかった。）

　分からないでなぜここが分かりませんて言わないの。なおき君は立派よ。なおき君なりの意見があったんだから。牟田さん、はい。

生徒：（牟田）音楽っていうのはきれいで、なでらかというかそんな感じがあって、せんこう花火にもそういう感じがあるなって、そういうことかと思った。

川嶋：中身が同じじっていうこと？

生徒：（牟田）中身がなんとなく似ているというか、そんな感じ。
川嶋：それであなたが言う中身は、両方がきれいということ？　音楽と同じようにということで。はい、他にはない？
（★問題の方向を整理しないまま、私が牟田さんのこの言葉にのって混乱させてしまったことがよく分かる。）
生徒：何か、なでらかなところと……なでらかっぽいところとか。なでらかっぽいところ。
川嶋：はあ、すごいいいこと言っているの分かる？　これね、あとで花火やるからよく見ていて。
生徒：はい。（口々に）
川嶋：これね、なでらか、っていうのは先生も初めての言葉なんだけれど、多分すごくいい意味を含んでいるんだと思うよ。牟田さん、どういう意味で、なでらかって使ったの。
生徒：……。
川嶋：じゃあ、牟田さんになったつもりになって、他の人が言ってみて。はい小林さん。
生徒（小林）：なんとなく柔らかい感じ。
川嶋：ああ、音楽ってそんなところある。あるいは反対に柔らかと思ったら、一つの音楽の中で、すごく強烈になったということもある。はい、まりちゃん。
（★混乱してきたので、無理やり、子どもたちをひっぱろうとしているのがよく分かる。）
生徒：私が思ったのは、なつかしいというか、激しいようでもなでらかという感じがあるかなと思った。
川嶋：はいありがとう。じゃあこの中で、せんこう花火の激しいというところはどこにある？　ああ、その前に、立っている人たちの疑問の中にそれが出てくるかもしれないから、それを先に聞きましょう。はい田中さん。
（★教師は、花火の燃え初めから終わるまでの様子を追求させようと思っているのだが、なおき君が疑問を出したところではっきり整理をしていないので、無目的な疑問がバラバラと出てきてしまった。）
生徒（田中）：48ページの最初の行の「火の矢の先は、力弱く垂れ始める。ほうだんは、もはや、ばく発するだけのエネルギーをもたないように見える」
川嶋：そこの何が分からないの。
生徒：火の矢。
川嶋：はあ、これは分かるでしょう。これは写真で言うとどこですか。
生徒：（他の子どもが写真を指す）
川嶋：これは、火花の先がこう垂れ下がってきているでしょう。そのことを言っているのね。分かるでしょう。あとは、どうかな。
生徒：せんこう花火をどんなふうに作っているかということなんだけれど、今と昔は違うんですか。
川嶋：ああ、それは一番最後にやろうね。

生徒：今の文章とは関係ないことなんだけれど、せんこう花火は、なんでせんこう花火って言うんだろう。
川嶋：これも後でやろうね。
生徒：45ページの後ろから2行目で、「真っ赤な火の球ができてくる」ってあるんだけれど、この前やった時には、少しオレンジっぽかった。なんで真っ赤って書いてあるんだろう
川嶋：それはあとでやれば分かるから線引いておいて、それで確かめて。あとはないの。先生にはたくさんあるんだけれど。先生はせんこう花火の音楽に関わるところで、牟田さんが言ったように激しいところ、静かなところ、これは文章の中に現れていると思うんだけれど、探してみてよ。まず激しいところを探してみようか。今はせんこう花火の音楽で激しいところを探してください。見つかった？
（★子どもたちが瑣末なことばかり出すのであせってくる。）
生徒：はい。
川嶋：分かった？　でも他の人がまだ探せていないからもう少し待ちましょう、あと一分くらい。（しばらくの間）はい、それでは、前原さん。
生徒：46ページの後ろから2行目の「ちんもくがしばらく続く。すると、とつぜん、火花の発射が始まる。目にもとまらぬ速さで発射される。そして小さいほうだんが、目に見えぬ空中の何ものかにしょうとつして、くだけ散るようにばく発する。これは「松葉火花」である。」

川嶋：激しいじゃない。ねえ、激しいね。みんなも分かった。
（★私が無理に子どもをひっぱっている。）
きよしくん、もう一度この文章を読んでみて。
生徒：（きよし、同じところを読む）
川嶋：そこの様子激しいでしょう。これは黒板のどこにあたる？　中島君。
生徒：（中島君が該当する写真の一枚を指す）
川嶋：そうだよ、よく分かったね。ここのところだね。もう一度見て、教科書を。「すると、とつぜん火花の……くだけ散るようにばく発する。」その様子、先生はよく分からないから赤く印をつけておいたの。「小さいほうだんが、目にみえぬ空中の何ものかにしょうとつして、くだけ散るようにばく発する。」ここの文章、先生はなかなか頭の中にイメージできないの。どういうこと。多分激しいだろうけれど。はい、和知さん。
生徒：（黒板の写真を指しながら）そこの球のところから、まあるい火のようなものが飛んで、それで空中の何かにぶつかって、この写真のようにばく発する。
生徒：（黒板にチョークで書きながら）ええっと、こうやって球があると、速いから分かりにくいけれど遅くやるとびゅーっといって（小さな丸い球から曲線を描いて）、この辺に何かがいるみたいに、この辺に当たった時に、バアーって（球を中心に放射状の線を描く）……。
川嶋：ああ、空中に何かがあってそれに当たった時。

生徒：そうみたいに爆発する……。

川嶋：はい、あなたはそうね。田中さんはどう、同じ？　あと違う人はいない？　じゃあ、先生はその3人に聞くよ。先生は、小さいほうだんって、それが分からないけれど。小さいほうだんって言うのは、これ（図1）なのか、それともここから（図2）何かがちょっとしたものが出てくるのか、どちらだろう。はい、1だと思う人、（挙手はなし）　2だと思う人？（多数の手が上がる）。そうなの？　この前にやった時、ほんとうにそうだったの？　ここのところ2から、何かがパチッと出てきたの？

（★この文章を一読した時に中国製のせんこう花火をやったことがある。）

生徒：そうだよ、（などの声）。

川嶋：ほんとう？　絶対自信持って言えるの。（うんという頷きが聞こえる）そう、それじゃ、あとで実際にやる時によく見ていてね。小さいほうだんっていうのを。

今考えたのは激しい音楽のところですね。激しいところはまだある？　もうない。それじゃ、宮野さん次のところを読んで。

「松葉火花は、シュッという音とともに……その美しい姿の頂点に達する。」

はい、二戸君、今読んだところは、ここの（黒板の写真）どこ？

（★どんどんくどくなってくるのは、なおき君が疑問を出した時の整理不足、私の授業計画の甘さのためであると思う。）

（二戸君、写真の場面④⑥を黒板で示す）
川嶋：はい、そこだけ？
生徒：違う。
川嶋：それだけかな。他の人は。
生徒：（新田君④⑦の写真を指す）
川嶋：二戸君はここからここまで。新田君はここまで。佐々木さん。
生徒：（佐々木さんは、先の二人よりも前の写真③⑦から指した）
川嶋：先生もこれ（佐々木さんが示した範囲を指して）が入ると思うよ。理由はね、今、宮野さんが読んだところに「シュッという音とともに、一発発射される。」っていうところで最初の一発のことが書いてあるから。激しい音楽のところが見つかった。赤で書いておこう。ここからここまでは、とても激しい部分にあたりますね。これでもう、せんこう花火の音楽って言える？　音楽っていうのは激しいところもあるし、牟田さんもう一度言って。
生徒：（牟田）ゆっくり静かなところもある。
川嶋：そう、ゆっくり静かなところもあるんですね。ゆっくり静かなところを探してください。はい、前原さん。
生徒：（前原）38ページの後ろから3行目、「松葉火花がだんだん出なくなると、ちょっと、ひと休み……ごく短い時間だけで終わる。」

川嶋：時間がなくなってきてしまったので先生が説明してしまいますけれど、ここだね。（黒板⑨を示す）静かに燃えているというところだね。じゃあ、この⑧は何？（写真の一枚を示しながら）。激しいのに入るの、静かなのに入るの。

生徒：（しばらく沈黙）

川嶋：ちょっと入れるのが無理かな。激しさからだんだん静かになっていく様子かな。そうだね。48ページ。そこのところ、読んでください。「ほうだんはもはや」のところ。

生徒：「ほうだんは、もはや、ばく発するだけのエネルギーを……やがて重力に引かれて、垂れ落ちるのである。」

川嶋：先生は、この文章分からないよ。「ほうだんは、もはや、ばく発するだけのエネルギーをもたないように見える」これは分かるよね。さっきは爆発したんだけれど、もう爆発しなくなっちゃった。

（★時間がなくなってきて、一方的に私が説明してしまった。こんなことなら、早く実際のせんこう花火をやって、実際の様子と文章を比較させ、読み取らせていけばよかった。）

その次のところ、「空気のていこうをおし破って直線状に進む力がなくなるので、やがて重力に引かれて、垂れ落ちるのである。」なにこれ。これはどういうことだろ。伊藤君「空気のていこうをおし破って直線状に進む力がなくなって」って、あの写真で言えばどれがその直線状に進む力がなくなったものなの。

生徒：（写真⑧を指す）

川嶋：これでしょう、（写真を示して）。なんとなくこれはピッピッって直線にいかないで、みんなこう垂れ下がってしまう。この前やった時にそんなふうになった？　今日やってみる時にまた見てください。「やがて重力に引かれて垂れ落ちるのである」っていうのは、なに重力って？

（★「授業が混乱し、子どもたちが飽きたら、そこでやめてしまった方がよい」という斎藤喜博先生の言葉が聞こえてくるようです。）

生徒：地球が地面に向けてものを引っぱる力。

川嶋：そう、引っ張るから火花が下に落ちていっちゃうっていうことだね。力があればピッと上に行くんだけれどね。ということは、激しかった花火がだんだん静かになってきたということですね。これで言えば（黒板の紙をなぞりながら）ここのあたりから、ずーと激しくなっていって、ここの辺で下に向かうようになって（黒板に波状の曲線を描く）最後に地面に落ちるのね。「それで、せんこう花火の音楽はおしまいになるのである」

なおき君の言った疑問の意味が分かったかな。「せんこう花火の音楽」というのはどういうこと？　せんこう花火と音楽がつながった？　じゃあ、実際にやってみよう。文章の通りになってるか、見る観点が分かったよね。実際のを見てから、もう一度この問題を考えてみましょう。

（★私は、子どもたちにあやまりたい気持ちでした。子どもたちから出た疑問の整理の仕方が下手でした）

生徒：（約８分のあいだ班に分かれて、せんこう花火を実際にやってみる。各班とも楽しみながらも、どうやれば球を落とさないで済むかを工夫したり、火花の様子をしっかり観察しようとして取り組んでいる。

（★私の記憶では、昔のせんこう花火は、この文章通りの燃え方をしたが、今のものはなかなかそうはいかない。浅草橋まで行って日本製のものを探したが、やや、文章に近い燃え方をしたのは十本中一本くらいだった。）

川嶋：今やってみてね、この教科書どおりだった人と、そうでなかった人もいっぱいいると思う。今やって何か疑問がある人。

生徒：教科書みたいに最初に火をつけてやってみたんだけれど、球が真っ赤にならなかった。

川嶋：そう、よく見ていたね。それではこの次の時間に疑問とか教科書と違うところなんかを聞くから自分の頭でまとめておいてください。それでは終わります。

（★授業が終わって、子どもも私も疲労感だけが残りました。でも、なおき君の出した疑問だけは、どうやら学級の子ども全員のものになったようだし、それを解決する糸口も見つかったようでした。次の時間に最後に述べたことをやりますが、今度こそ失敗のないよう、授業計画をねることが私の仕事になりました。）

（事実と創造153号・１９９４年６月）

刊行にあたって

本書、大学での講義は、教員免許を取得する学生に向けて行われたものです。宮城教育大学の吉村敏之先生にはテープを起こしてくださった記録をいただきました。それを編集し直したものを元立教大学の松平信久先生がさらに入力し直し、小見出しを付けてくださり、「土ようの会」の講話とともに編集の仕事をしてくださいました。

「私が『教師』となった時」は東京経済大学の高井良健一先生の学生に講義されたものです。吉村敏之先生、松平信久先生、高井良健一先生、ほんとうにお世話になりました。

茨城の杉並小学校の授業は樫村康司校長先生が、テープを起こしてくださったものをいただきました。もうひとつは沖縄の稲福景子先生の教室での授業記録です。

他にも沖縄の西江重勝先生、屋良朝男先生、長嶺浩也先生、宮城和也先生と、多くの方たちのお力添えをいただき本書が出来ましたことを改めて感謝いたしお礼申し上げます。

〈著者紹介〉
川嶋　環（かわしま　たまき）
1933 年　群馬県生まれ
1956 年　群馬大学学芸学部卒業
1956 年　群馬県佐波郡境町立島小学校に赴任
1965 年　東京都新宿区立四谷第三小学校に赴任
1973 年　東京都三鷹市立高山小学校に赴任
1988 年　東京都三鷹市立第一小学校に赴任
1994 年　退職
1994 年　立教大学等の非常勤講師
現在　各地の学校や大学で教育支援・教師教育活動を続けている

創造する授業Ⅲ――退職後の実践――

2017年7月20日　初版第一刷発行

著　者　川　嶋　　環
発行者　斎　藤　草　子
発行所　一　莖　書　房
〒173-0001　東京都板橋区本町 37-1
電話 03-3962-1354
FAX 03-3962-4310

組版／四月社　印刷・製本／アドヴァンス
ISBN978-4-87074-209-3　C3037